KLASSISCHE ASIATISCHE KÜCHE

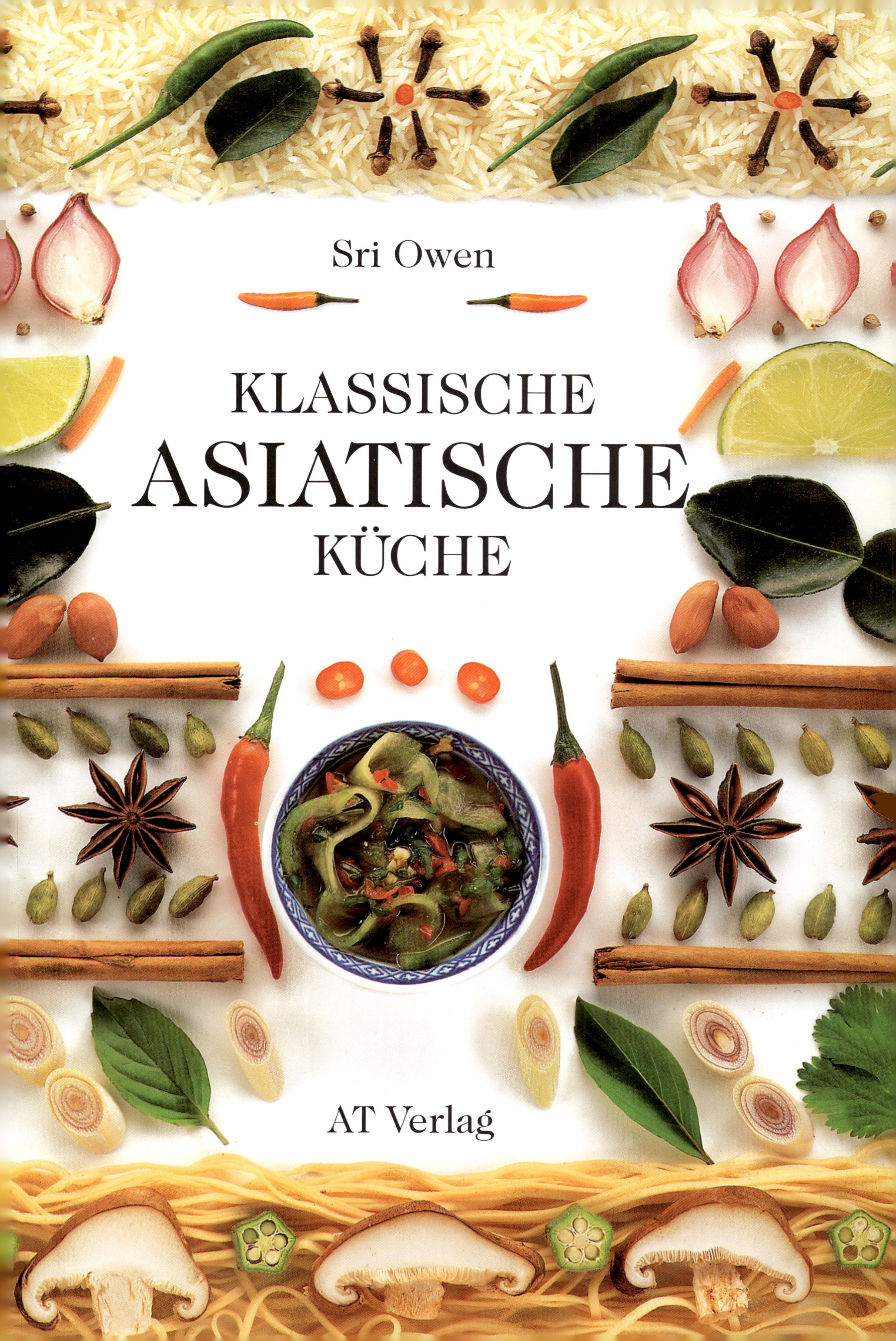

Sri Owen

KLASSISCHE ASIATISCHE KÜCHE

AT Verlag

INHALT

Ein Dorling-Kindersley-Buch
Originaltitel «Classic Asian Cookbook»

Aus dem Englischen übersetzt von Mara Fabian

Lithos: Scanner Services SRL
Druck und Bindearbeiten: Artes Graficas, Toledo
Printed in Spain

ISBN 3-85502-635-1

REZEPTE 55

Über 100 verlockende fernöstliche Rezepte – ausgefallene und bereits bekannte

MENÜVORSCHLÄGE 142

KÜCHENTECHNIKEN 147

Eine bebilderte Zusammenstellung spezieller Küchenutensilien und Zubereitungstechniken

Rezeptverzeichnisse

EINFÜHRUNG

Ich bin in den Bergen von Sumatra geboren und habe dort meine Kindheit verbracht. Meine Grossmutter besass Reisfelder, einen Gemüsegarten, ein oder zwei Hektaren mit Kaffeesträuchern. Ich begleitete sie auf ihren Inspektionsgängen, sammelte dabei wilde Kräuter an den Feldrainen und sah ihr beim Kochen zu. Alle Angehörigen des Haushalts nahmen die Mahlzeiten gemeinsam ein. Wir sassen mit überkreuzten Beinen auf Strohmatten und gebrauchten die Finger zum Essen. Die Erwachsenen erzählten sich dabei die Neuigkeiten des Tages. Das war sicherlich die bestmögliche Anleitung für ein Kind, gutes Essen und Geselligkeit bei Tisch schätzen zu lernen.

Später auf der Oberschule und in meinen ersten Universitätssemestern in Java kannte ich jeden Strassenhändler, der Essen verkaufte, und feilschte mit jedem Gemüseverkäufer auf dem Markt um die frischesten Waren. Selbstverständlich kannte ich die Gerichte aus Zentralsumatra, West- und Zentraljava sowie aus Westmalaysia. In jeder grösseren Stadt gab es damals Gaststätten, die sich auf die Gerichte anderer Regionen und Inseln spezialisierten. Und ich kannte die meisten davon. Eine meiner Freundinnen war eine chinesische Studentin, die die kantonesische Küche liebte und mir deren Grundtechniken und Rezepte beibrachte. Als junge Universitätslektorin fuhr ich wiederholt nach Jakarta und wurde dort in einige der besten chinesischen Restaurants in Glodok, dem alten Kaufmannsviertel, eingeladen. Dort war das Essen genauso gut wie das beste, das ich später in Singapur und Hongkong gegessen habe.

Als Frau eines jungen Englischlehrers kam ich 1964 nach London. Damals machte ich aktuelle Sendungen für den BBC Indonesian Service. In meiner Freizeit ging ich auf die Suche nach Chilis und Gewürzen, um in etwa wieder so kochen und schmecken zu können, wie ich es gewohnt war. In jenen Jahren fuhr ich dafür bis nach Holland. Doch bald gab es auch in England alle möglichen neuen, bisher dort unbekannten Gewürze und Zutaten. Meine Dinner-Parties wurden immer exotischer und schienen gut anzukommen. Mein erstes Buch, «The Home Book of Indonesian Cookery», veröffentlichte ich 1976. Ich begann mich ernsthaft damit zu beschäftigen, zu lernen und nachzukochen, was ich über die indonesische Küche und später auch über weitere fernöstliche Küchen und Küchentraditionen in Erfahrung bringen konnte. Um alles in der Welt möchte ich aber auch nicht die europäische Küche, die des Vorderen Orients, die Mexikos und Nordamerikas missen, ebenso wenig wie die Küche Australiens und Neuseelands – Länder, in die ich immer wieder gern zurückkehre.

Ich begann, mich nicht nur für die Küchen, sondern auch für deren Geschichte zu interessieren, um herauszufinden, wie sich Zutaten und Rezepte über die Handelswege der Welt verbreitet haben. Mir war schon immer bekannt, dass die indonesische Küche stark von der persischen, indischen, chinesischen und sogar von der holländischen Küche beinflusst war. Doch dann fand ich heraus, dass selbst die klassischen Gerichte eines Landes alle möglichen neuen Einflüsse aufnehmen und dennoch ihren eigenständigen Charakter bewahren können. Das war der Wendepunkt. Von da an betrachtete ich mich als kreative professionelle Köchin. Eine Zeit lang betrieb ich ein Delikatessengeschäft in Süd-London, kochte für meine Kunden und für Harrods, gab Essen und Unterricht in indone-

sischer und thailändischer Küche. Es machte mir Freude, und ich hatte Erfolg.

Doch mir war bewusst, dass ich noch in viele asiatische Länder und zu vielen Inseln meiner Heimat reisen musste, wo ich bislang noch nicht gewesen war. Dieses Buch ist das Ergebnis dieser Reisen, die mich und meinen Mann in den letzten zehn Jahren so viel Zeit gekostet haben. So gern ich über Essen schreibe, so gern esse ich, und ich koche noch lieber. Deshalb habe ich nur Rezepte aufgenommen, die ich gern und wiederholt gekocht und probiert habe, während ich dieses Buch vorbereitete und schrieb. Eine Auswahl zu treffen ist immer schwierig, zumal ich allen vierzehn Ländern, deren Küchen hier behandelt werden, und auch den einzelnen Kapiteln – wie Fleisch, Gemüse und so weiter – gerecht werden musste. Zu wissen, was man weglassen muss, ist noch schwieriger. Doch ich habe keine Rezepte ausgewählt, die eine unverhältnismässig lange Zubereitungszeit benötigen. Bei der Planung eines Menüs mit exotischen Gerichten brauchen wir alle etwas Hilfe. Deshalb habe ich vier indische Menüs und je drei aus China, Indonesien und Malaysia, Thailand und Japan vorgeschlagen, ebenso je zwei für Einladungen und für Vegetarier. Ich hoffe, alle werden Ihnen schmecken. Aber fangen Sie an zu experimentieren, sobald Sie mit den Aromen und Techniken vertraut sind. Stellen Sie fernöstliche und westliche Gerichte in einem Menü zusammen und kombinieren Sie fernöstliche und westliche Geschmackselemente in einem Gericht. Das kann sehr reizvoll sein.

Sri Owen

DIE KÜCHEN ASIENS

Diese Landkarte Asiens ist ausgebreitet wie ein grosses Tischtuch. Das Tischtuch ist bestickt mit Reisfeldern, Kokospalmenhainen, Obstgärten, Gewürz- und Kaffeeplantagen und fischreichen Ozeanen. Regionalküchen sind immer in diesem weiten Raum gediehen. Jede von ihnen hat die örtlichen Produkte und Aromen voll genutzt, gleichzeitig aber Ideen und Zutaten mit den benachbarten Regionen ausgetauscht. Die bekanntesten Gerichte sind seit langem als Klassiker anerkannt. Sie sind aus ländlichen Gegenden in die Städte und von dort noch weit über ihren eigentlichen Ursprungsort hinausgelangt. Um diese Landkarte sind einige der Gerichte gruppiert, die im Laufe der Jahrhunderte zur Perfektion gebracht wurden – in Palästen wie in Bauernhäusern von Berufsköchen wie von Hausfrauen, von Strassenhändlern wie von Philosophen.

Kyet Thar Hin
Burma *(siehe Seite 87)*

Plea Tray
Kambodscha
(siehe Seite 76)

Aloo Baigan Korma
Indien *(siehe Seite 116)*

Teigtäschchen
Sri Lanka *(siehe Seite 62)*

Rebong Char
Singapur *(siehe Seite 114)*

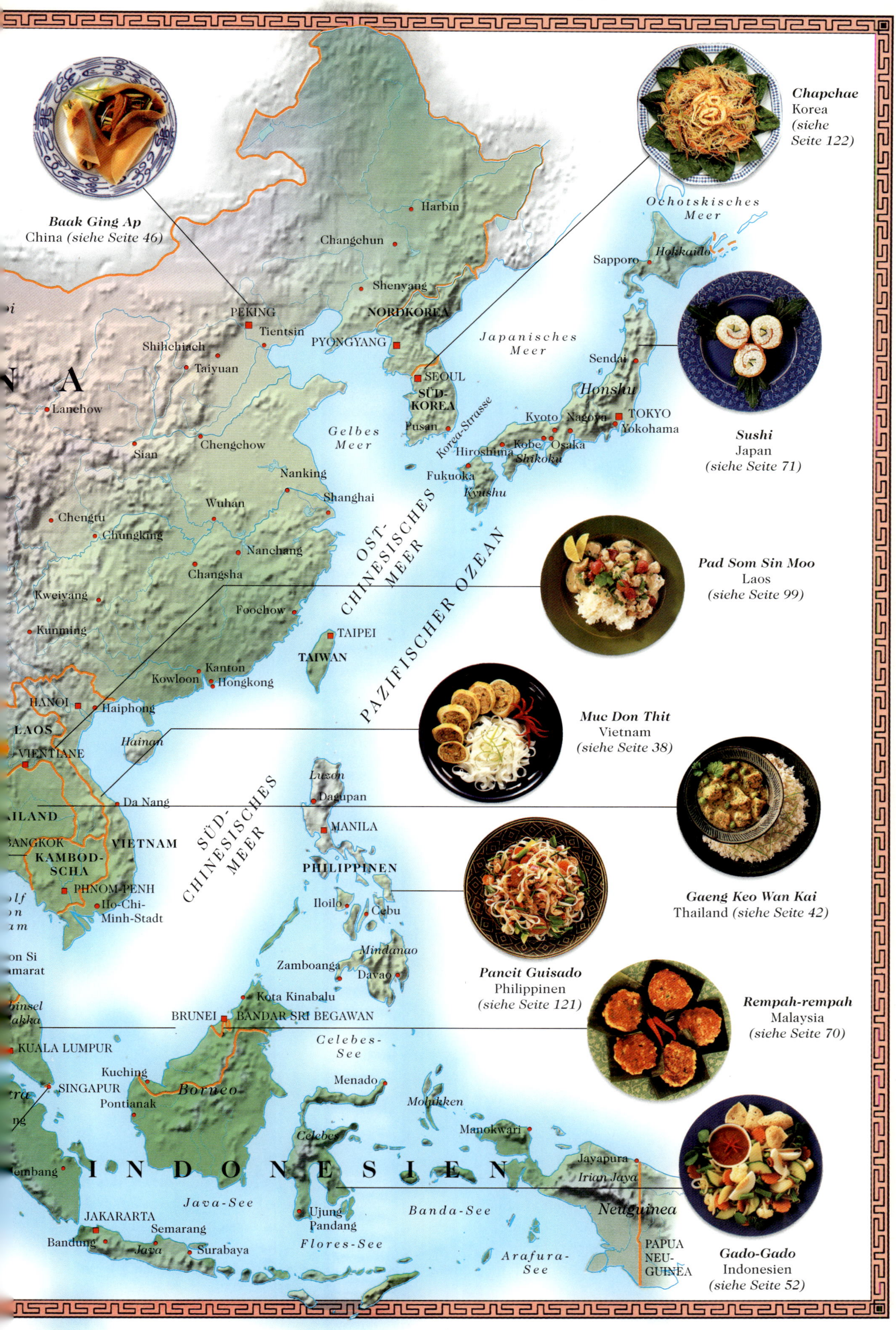

Baak Ging Ap
China *(siehe Seite 46)*

Chapchae
Korea
(siehe Seite 122)

Sushi
Japan
(siehe Seite 71)

Pad Som Sin Moo
Laos
(siehe Seite 99)

Muc Don Thit
Vietnam
(siehe Seite 38)

Gaeng Keo Wan Kai
Thailand *(siehe Seite 42)*

Pancit Guisado
Philippinen
(siehe Seite 121)

Rempah-rempah
Malaysia
(siehe Seite 70)

Gado-Gado
Indonesien
(siehe Seite 52)

INDIEN

Aloo Baigan Korma (siehe Seite 116)

Was die Kultur anbetrifft, so ist dieser grosse Subkontinent sicherlich der reichste und vielschichtigste der Erde. Im Laufe der Jahrhunderte hat jede der grossen Mächte, ob Freund oder Feind, früher oder später Indien «entdeckt», hat neue Lebensmittel und Essensgewohnheiten mitgebracht und diese gegen Rezepte, Gewürze und exotische Früchte getauscht. Im Hinblick auf die Küche hat Indien jedoch stets mehr gegeben als erhalten. Fast jedes Ingredienz für ein indisches Mahl ist einheimisch. Jede der Regionalküchen hat sich aus den Produkten der Region entwickelt. In Indien, Pakistan oder Bangladesch wie auch in meiner Heimat Indonesien kenne ich die Unterschiede zwischen den regionalen Küchen. Trotzdem lässt sich eine gewisse Familienähnlichkeit nicht verleugnen.

Bekannte Zutaten

Viele Zutaten – Gewürze, Kräuter und Aromaten – sind auch in anderen asiatischen Ländern gebräuchlich. Tamarinde, Palmzucker, Koriandergrün und Korianderkörner, Kreuzkümmel, Kardamom, Ingwer, Kurkuma und Chili sind zusammen mit Reis oder Fladenbrot die gleichen wie in den Nachbarländern. Die indische Küche unterscheidet sich jedoch durch die Verwendung von Milch und Milchprodukten. Diese waren bis vor kurzem in den meisten anderen asiatischen Ländern fast völlig unbekannt. Milch wird zu Paneer und anderen Weichkäsen sowie zu Ghee oder Butterschmalz verarbeitet. Mit Ghee wird in Nordindien, mit Kokosmilch im Süden gekocht. Zwar ist auch in den anderen Ländern Asiens der Verzehr von Obst und Gemüse gross, doch nur Indien hat eine echte vegetarische Tradition. Dhal oder Linsen sind dabei eine bedeutende Eiweissquelle. Ein Familienessen besteht ausser einem Linsengericht noch aus mindestens zwei Gemüsegerichten. Doch im Gegensatz zu einem typischen thailändischen Salat enthält ein indischer Linsen- oder Bohnensalat kein Fleisch. Fleischgerichte enthalten dagegen gewöhnlich Gemüse. Ein Currygericht hat stets reichlich Sauce. Diese ist mit Chilis gewürzt und gebunden mit reichlich in Ghee oder Öl weich geschmorten Zwiebeln. In den folgenden Rezepten habe ich die Fleischportionen gemäss dem europäischen Geschmack vergrössert. Eine indische Familie würde sich oft damit begnügen, Chapatis in die Currysauce zu tunken oder die Sauce über einen Teller Basmatireis zu giessen.

Samosa (siehe Seite 65)

Kulinarische Regeln

Auf dem indischen Subkontinent sind zwei grosse Religionen entstanden, der Hinduismus und der Buddhismus. Als dritte kam der Islam hinzu. Muslimische Essensgewohnheiten kommen ursprünglich aus dem Ottomanischen Reich und aus Persien. Sie sind die Grundlage der heutigen Mogul-Küche. Sowohl Hindus wie Moslems beachten Essensregeln. Diese verbieten den einen den Verzehr von Rindfleisch, den anderen den von Schweinefleisch. Beide müssen bestimmte Fastenzeiten einhalten und bevorzugen dann Milchprodukte und Gemüse. Man glaubt, dass nicht nur der Körper, sondern auch die Seele ernährt werden muss. Fasten und der Verzicht auf Fleisch, das durch Milchprodukte ersetzt wird, ernährt die Seele. Regeln bringen Ordnung in die Welt und helfen, das Beste aus beschränkten Ressourcen zu machen. Sie halten die Menschen jedoch nicht davon ab, das Essen zu geniessen. Tatsächlich haben diese Regeln die Erfindungskraft der indischen Köche über die Jahrhunderte hinweg immer weiter beflügelt. So verwundert es nicht, dass einige der besten Köche und grössten Kenner, denen ich je begegnete, aus Indien, Pakistan und Bangladesch kommen.

SRI LANKA

Teigtäschchen (siehe Seite 62)

Sri Lanka hat makellose Strände, hügeliges Bergland im Landesinneren, fruchtbare Ebenen, auf denen Reis wächst, und eine Vielzahl von tropischen und subtropischen Früchten – das alles auf einer Fläche, die kleiner ist als Irland. Eines der vielen Wunder dieser Insel ist, dass sie noch nicht von Touristen überrannt worden ist. Obgleich das Land in den letzten Jahren von politischen Unruhen heimgesucht wurde, bin ich doch optimistisch im Hinblick auf seine Menschen, da ihr Wesen und ihre Kultur stark genug sind, um sich durchzusetzen und veränderten Umständen anzupassen. In der Vergangenheit hat Sri Lanka trotz der Nähe zu Südindien seine kulturelle Eigenständigkeit bewahrt. Das zeigt sich auch in seiner Küche. Natürlich gibt es Einflüsse seitens der vielen Eindringlinge und Kolonialherren: Tamilen, Portugiesen und Holländer haben ihre Spuren hinterlassen. Die Engländer haben nur einen geringen Einfluss auf die Küche gehabt, doch ihre Teeplantagen auf den Hügeln produzieren noch immer. Kuchen, Süssspeisen und Snacks, die an der Küste des Indischen Ozeans beliebt sind, zeigen holländischen und portugiesischen Einfluss. Die Teigtäschchen von Seite 62 findet man nicht nur hier, sondern auch dreitausend Meilen entfernt in Menado an der Nordspitze von Sulawesi, wo man sie noch immer mit ihrem portugiesischen Namen Panada bezeichnet. Der Sambol aus Sri Lanka ist dem Sambal aus Malaysia und Indonesien sehr ähnlich. Es gibt jedoch einen besonderen Kochstil von Sri Lanka, den ich in den folgenden Rezepten verdeutlichen möchte: Currys werden mit roten Chilis gefärbt und mit dunkel gerösteten Gewürzen aromatisiert. Sowohl Kokosnussmilch wie Ghee (Butterschmalz) werden als Speisefett verwendet. Und wie auch sonst in Südostasien eine Vielzahl von hocharomatischen, salzigen, sauren und süss-scharfen Beilagen erlauben, dass sich jeder nach seinem Geschmack die Gerichte abändern kann.

BURMA

Kyet Thar Hin (siehe Seite 87)

Das politische Geschehen der letzten Jahre hat Burma – oder Myanmar, wie seine Herrscher es jetzt benannt haben wollen – zum grossen Teil von der Aussenwelt abgeschnitten. Wie in Indonesien gab es auch in Burma keine ausgesprochene Restaurantkultur. Die beste burmesische Küche war immer in den Familien anzutreffen. Die traditionelle Gastfreundschaft ist in Burma wie im übrigen Asien gross, und nie wird ein Gast hungrig fortgeschickt. Grosse Familien und häufige buddhistische Feste bedeuten auch grosse, üppige Festmahle, zu denen alle Verwandten und Freunde eingeladen werden. Die Atmosphäre ist festlich, aber nicht förmlich. Es ist üblich, dass die Gastgeberin und ihre Töchter, nachdem sie stundenlang die Küchenarbeit überwacht haben, vor dem Anlegen ihrer besten Kleider essen, um danach die Gäste zu begrüssen und sich während des Festmahls um sie zu kümmern. Reis und Currys, Saucen, Pickles und Chutneys, klein geschnittenes rohes Gemüse und Kräuter werden so aufgetischt, dass sich jeder nach seinem Geschmack bedienen kann. Diese Beilagen ergänzen die kunstvoll in der Küche zubereiteten Gerichte, die von den typischen Aromen Burmas – Zwiebeln, Knoblauch, Ingwer, Chilis und Garnelenpaste – geprägt sind.

THAILAND

Gaeng Keo Wan Kai
(siehe Seite 42)

In den letzten zwanzig Jahren hat die thailändische Küche im Westen grossen Anklang gefunden. Dafür gibt es mehrere Gründe. Der Hauptgrund ist, dass Thailänder bei uns mit Spürsinn und Selbstvertrauen kleine Restaurants eröffnet haben, in denen die Bedienung freundlich und das Essen gewöhnlich gut ist. Zutaten wie getrocknete Garnelen, Zitronengras, Kaffirlimetten, zwei Sorten Basilikum, Galgant, kleine weisse und Erbs-Auberginen werden aus Bangkok eingeflogen. Die Gerichte werden mehr oder weniger nach authentischen Rezepten zubereitet, und beim Aroma werden weniger Zugeständnisse an den westlichen Geschmack gemacht als etwa in vielen chinesischen und indischen Restaurants. Bestimmend für die meisten thailändischen Gerichte ist eine aromatische Säure und die delikate Schärfe von Chilis – Aromen, die sich sowohl mit Fleisch und Meeresfrüchten wie auch mit Gemüse vertragen. In Thailand selbst begegnet man der Nahrung mit grosser Achtung und Aufmerksamkeit. Ich verbringe dort gern einen ganzen Morgen auf dem Markt einer kleinen Stadt und schaue den Imbissverkäufern auf den Strassen zu, um danach ein gemütliches Mittagessen auf der schattigen Veranda eines Restaurants einzunehmen. Noch lieber lasse ich mich von Freunden einladen, besonders wenn mich eine gute Freundin zuvor zum Einkaufen mitnimmt und mich bei der Zubereitung des Essens in der Küche zusehen lässt.

KAMBODSCHA

Plea Tray
(siehe Seite 76)

Laos, Vietnam und Kambodscha bilden zusammen das Gebiet, das früher Indochina genannt wurde – eine Bezeichnung, die für den Liebhaber der asiatischen Küche paradox klingt, denn man findet kaum zwei Kulturen, die verschiedener sind als die von China und Indien. Doch diese Region steht in Wechselbeziehung mit beiden Kulturen, ohne dabei ihre Eigenständigkeit eingebüsst zu haben. Zu ihrer komplexen Geschichte gehört ausserdem fast ein Jahrhundert französische Kolonialherrschaft. Noch heute existieren dort einige französische Restaurants. Kambodscha hat an der Mündung des Mekong Anteil an der vietnamesischen «Reisschüssel», dem Delta mit seinem fruchtbaren Boden und seinem Wasserreichtum für die künstliche Bewässerung. Wie Laos im Norden hat das Land (oder hatte bis vor kurzem) genügend Wälder, die Wildbret, besonders Rehwild, liefern. Die Küche Kambodschas verwendet salzige Fischsauce, Kokosnussmilch und aromatische Kräuter wie Zitronengras und Kaffirlimettenblätter. Mit Chilis wird nur sparsam gewürzt, doch Chili-Liebhaber können rohe Chilis und extra scharfe Beilagen verlangen.

LAOS

Pad Som Sin Moo
(siehe Seite 99)

Vor geraumer Zeit habe ich einen laotischen Freund mit dem thailändischen Koch eines berühmten Londoner Restaurants bekannt gemacht. Beide waren erfreut, dass sie sich verständigen konnten, obwohl sie von gegenüberliegenden Seiten des Mekong stammten und verschiedene Dialekte sprachen. Dieser Binnenstaat mit seiner stürmischen Geschichte ist fast so gross wie Vietnam, hat jedoch viel weniger Einwohner. Der südliche Teil umfasst das fruchtbare Tal des Mekong. Der Norden besteht aus hohen Bergen und ist nur spärlich von einer Anzahl Stämmen bevölkert. Die Esstradition der Laoten hat viel gemeinsam mit der ihrer thailändischen und vietnamesischen Nachbarn. Doch die Vorliebe der Bergbewohner aus dem Norden für Klebreis ist in der laotischen Küche bemerkbar. Mein laotischer und mein thailändischer Freund fanden heraus, dass sie auch in ihrer Art zu kochen viel Gemeinsames haben, trotz unterschiedlicher Anteile der einzelnen Gewürze in Gewürzmischungen, die sonst sehr ähnlich sind. Es gibt nur ganz wenige laotische Kochbücher. Das einzige, das ich besitze, ist die Abschrift samt englischer Übersetzung einer Sammlung traditioneller Rezepte, die ein alter Mann diktiert hat, der Maître chef des cuisines im königlichen Palast von Luang Prabang gewesen war. Diese wurden von Alan Davidson veröffentlicht, der in den frühen Siebzigerjahren britischer Botschafter in Laos war. Die Anweisungen des alten Kochs sind schwer verständlich und kaum nachzuvollziehen, doch ich habe mit ausgezeichnetem Ergebnis einige seiner Rezepte ausprobiert und umgeschrieben. Ein starker südchinesischer Einfluss ist erkennbar: Kokosnussmilch wird häufig verwendet und viele Gerichte werden fritiert, pfannengerührt oder gedämpft.

VIETNAM

Muc Don Thit
(siehe Seite 38)

Wie im benachbarten Laos und Kambodscha wird auch in Vietnam reichlich Fischsauce, Nuoc Mam, verwendet, um den Speisen ihre charakteristische salzige Würze zu geben. Sie ist auch die Grundlage für die gebräuchlichste Würzsauce des Landes, Nuoc Cham. Natürlich sind auch chinesische Einflüsse bemerkbar. Doch ich vermute, dass nur wenige Chinesen die Menge Knoblauch schätzen würden, die besonders im Süden des Landes für ein authentisches vietnamesisches Gericht verwendet wird. Man schätzt hier «suppige» Speisen: Viele Suppen enthalten genügend Fleisch, Fisch und Gemüse und können als Eintopf gegessen werden, natürlich mit reichlich Reis. Auch liebt man es, sich bei heissem Wetter mit Salaten zu erfrischen. Man hat die chinesische Klassifikation der Speisen in Yin und Yang übernommen – Speisen, die den Körper kühlen, und solche, die ihn erwärmen. Vietnamesische Ernährung findet besonders bei gesundheitsbewussten Essern Anklang, da viele Gerichte in Wasser und nicht in Öl gegart und viele Gemüse roh oder nur ganz kurz gekocht werden. Wichtiger jedoch ist die Ausgewogenheit zwischen Yin und Yang sowie zwischen den verschiedenen Eigenschaften einer Mahlzeit: wässerig und trocken, weich und knusprig.

MALAYSIA

Rempah-Rempah
(siehe Seite 70)

Die Küche von Malaysia ist so verschiedenartig wie die Herkunft der Bevölkerung, deren Vorfahren oftmals aus benachbarten Ländern und von benachbarten Inseln kamen. Das Klima, der Boden und die natürlichen Resourcen gleichen denen von Westindonesien, Java und Sumatra. So überrascht es nicht, dass viele beliebte malayische Gerichte einen indonesischen Charakter haben. Es ist oft schwer zu sagen, woher ihr Rezept ursprünglich stammt. Überdies haben die Malayer viele Verbindungen zu China, Indochina, Indien und Südthailand. Deren Einfluss in der Küche ist bei der Verwendung von Gewürzen, Kräutern und Würzzutaten erkennbar. Pikante Garnelenpasten und feurige Chilis sind hier genauso beliebt wie überall sonst in Südostasien. Im Laufe der letzten zwei oder drei Jahrhunderte haben sich viele Handwerker und Kaufleute aus Südchina in den Städten der Malayischen Halbinsel und an der Nordküste von Borneo niedergelassen. Sie waren erfolgreich und heirateten einheimische Frauen, die mit der ehrenvollen Anrede «Nyonya» oder «Nonya», d.h. Dame, betitelt wurden. In ihrer Küche vereinigten sich Rezepte und Geschmäcker von beiden Zweigen der Familie, sodass Nonya-Food eine eigene Tradition und einen eigenen Stil entwickelt hat. Nonya-Restaurants findet man heute nicht nur in Malaysia und Singapur, sondern auch in Europa, Australien und Amerika.

Satay Daging
(siehe Seite 67)

SINGAPUR

Rebong Char
(siehe Seite 114)

Singapur ist eines der grossen kulinarischen Zentren der Welt. Hier bieten Köche und Restaurants die besten Gerichte aus ganz Asien und darüber hinaus. Man kann fast sagen, dass das Essen die einzige Verbindung des modernen Singapur mit seiner Vergangenheit ist. Doch selbst das Essen wurde durch das rasante Wirtschaftswachstum in Mitleidenschaft gezogen. Die bunten Imbissstände, die sich dicht an dicht in der Innenstadt drängten, sind wohlgeordnet in überdachte Speisehöfe verwiesen worden. Das hat jedoch den Vorteil, dass man gut und preiswert essen und zugleich sicher sein kann, dass die Gerichte unter hygienischen Bedingungen zubereitet wurden. Ich habe meine beiden kleinen Söhne 1981 auf ihrer ersten Südostasienreise nach Singapur mitgenommen. Abends assen wir malayisch am Newton Circus im Freien und hofften, dass es nicht regnen würde, oder wir assen Satay-Gerichte in einem Speisehof am Hafen. Danach bekam der Jüngste sein Essen bei MacDonald's, und schliesslich fand sich die ganze Familie im Raffles Hotel zum Eisessen ein. Das ist meiner Meinung nach ziemlich typisch für die heutige kulinarische Szene in Singapur. Am nächsten kommt Nonya-Food der örtlichen Küche, wie sie sich bei den vorwiegend chinesischen Einwohnern von Singapur herausgebildet hat: Es ist eine Kombination von chinesischen Kochtechniken wie Pfannenrühren und Zutaten wie Sojasauce, Fünfgewürz-Pulver und tropischen Würzzutaten wie Chilis, Kokosnüsse und Erdnusssauce.

INDONESIEN

Gado-Gado (siehe Seite 52)

Die typische indonesische Landschaft wird geprägt von Reisterrassen, die von den Flusstälern zum Vorgebirge des örtlichen Vulkans aufsteigen. Das ist jedoch nur typisch für Java, Bali und Teile von Sumatra und Sulawesi sowie einige andere Inseln. Millionen von Indonesiern ernähren sich eher von Sago und Cassava als von Reis. Das eigentliche Grundnahrungsmittel ist Fisch aus dem Meer, aus den Seen und Flüssen und aus den gefluteten Reisfeldern. Die Indonesier, die auf etwa 15 000 Inseln leben, sind schon immer Seeleute, Händler und Fischer gewesen. Wenn Fisch nicht frisch verbraucht wurde, wurde er eingesalzen oder in der Sonne getrocknet. Noch heute sieht man zum Trocknen ausgebreitete Fische.

Ausgewogenheit des Geschmacks

Die Grundnahrung vieler Indonesier ist gekochter weisser Reis mit Fisch, Lalab (rohes oder kurzgegartes Gemüse) und einigen scharfen Chilis. Man mag aber nicht bloss Scharfes, sondern hat auch eine Vorliebe für Saures, das durch fein abgestimmtes Süssen gemildert wird. Die Süsse kommt hauptsächlich von Palmzucker und Kokosnussmilch. Diese wird oft auch als Kochfett verwendet. Man ist der Ansicht, dass saure Geschmacksnoten besonders vielfältig und subtil abgestimmt werden können, z.B. durch Tamarinde, Zitronengras, Früchte und Galgant. Ein weiterer Kontrast zum süssen Geschmack ist der salzige Geschmack, den man nicht nur durch Salz erzielt, sondern auch durch fermentierte Produkte, etwa durch die von den Chinesen eingeführte Sojasauce und durch Terasi, eine stark gesalzene Garnelenpaste.

Sate Pusut (siehe Seite 66)

Typische Mahlzeiten

Die typische Mahlzeit einer relativ gut situierten Familie besteht aus Reis mit ein bis zwei Fleisch- oder Fischgerichten sowie Gemüse und einer Suppe, mit der alles heruntergespült wird – viele trinken noch nicht einmal Wasser zum Essen. Viele Gerichte sind Varianten von nur wenigen Grundzutaten. So gibt es unzählige Variationen von Sambal Goreng, wobei zuerst Gewürze, Zwiebeln, Knoblauch, Garnelenpaste und Chilis in etwas Öl angedünstet und dann der Hauptzutat während des Kochens als Würze zugefügt werden. Es gibt viele Rezepte für Füllungen und Marinaden sowie für Fleisch oder Fisch, gegart im Bananenblatt, in einem hohlen Stück Bambusrohr oder in den harten Hüllblätter der Kokosnussblüte, damit Saft, Nährwert und Aroma erhalten bleiben. Die Garzeiten sind in der Regel kurz, weil schon viel Zeit für die Vorbereitung und das Zerkleinern der Zutaten gebraucht wurde. Da viele Indonesier es vorziehen, mit den Fingern – ausschliesslich der rechten Hand – zu essen, muss das Zerschneiden und Zerlegen vorher in der Küche geschehen. Meist werden die Gerichte gekocht, gedämpft, gebraten oder über Holzkohle gegrillt. In der Vergangenheit gab es nur eine einzige Art der Zubereitung: das Essen wurde in Blätter gehüllt und einige Stunden in einem mit Glut ausgelegten Erdloch gegart. Das Dessert besteht gewöhnlich aus frischem Obst. Süssigkeiten und Kuchen werden am Nachmittag gegessen, wenn Besuch kommt.

Neunzig Prozent der Bevölkerung sind Muslime (Indonesien ist die grösste islamische Nation der Welt) und am Ende des Fastenmonats Ramadan werden zwei Tage lang Besuche gemacht. Die Kinder besuchen die Eltern, die Angestellten ihre Arbeitgeber, um für ihre Verfehlungen des letzten Jahres um Verzeihung zu bitten. Dabei wird süsser schwarzer Tee getrunken und Kuchen aus gedämpften Klebreis und Kokosnuss gegessen.

PHILIPPINEN

Pancit Gusado
(siehe Seite 121)

Die Landschaft, die Leute, selbst die Sprache auf den Philippinen kommt dem Besucher bekannt vor, der aus Indonesien kommt. Doch die Kultur ist grundverschieden. Während Indonesien überwiegend moslemisch ist, wurden die Filipinos schon vor Jahrhunderten von den spanischen Kolonialherren zum Katholizismus bekehrt. Obgleich die Spanier schon vor fast einem Jahrhundert Manila verlassen haben, geniessen ihre Sprache, ihre Kultur und ihre Küche noch heute grosses Prestige. Spanische Schiffe brachten einst neue Nahrungsmittel aus Mittel- und Südamerika: Tomaten, Kartoffeln, Mais und vor allem die allgegenwärtigen Chilis und ihre milderen Verwandten. Einige bekannte spanische Gerichte wurden übernommen und haben sich innerhalb von mehr als dreihundert Jahren zu Festtagsgerichten entwickelt. So wurde etwa Paella zu Bringhe, das statt mit Olivenöl mit Kokosnussmilch gekocht wird, und Adobo, ein festliches Essen aus Huhn- und Schweinefleisch. Chinesische Einflüsse sind ebenfalls stark, doch die philippinische Küche wäre undenkbar ohne Reis, Fisch und die tropischen Früchte, die dort überall wachsen.

CHINA

Baak Ging Ap
(siehe Seite 46)

Ein so grosses Land wie China mit wenigstens einem Fünftel der Bevölkerung und kaum einem Fünfzehntel des Ackerlandes der Erde, mit allen Klimazonen – vom kalt gemässigten bis zum tropischen Monsunklima – hat natürlich viele unterschiedliche Regionen. Und jede hat eine andere Küche. Ausserhalb Chinas kennt man meist nur die vier grossen Küchen: die von Peking im Weizengebiet des Nordens, die von Schanghai an der Küste, die von Kanton im Süden und die von Szechuan im westlichen Landesinneren. Die Letztere ist vor allem bei denen beliebt, die gern kräftig und scharf gewürzte Speisen essen. Doch China ist ein einziges Land, und der Vielfalt seiner Küchen liegt eine gemeinsame Auffassung von der Nahrung zugrunde sowie eine allgemeine Übereinkunft über die Grundprinzipien des Kochens und dessen Bezug zum Leben. In allem versucht man, eine Ausgewogenheit zwischen den Kräften von Yin und Yang zu erreichen. In der Küche bedeutet das eine Balance zwischen den Nahrungsmitteln, die den Körper kühlen und denen, die ihn erwärmen. Yin-Nahrungsmittel sind Zucker, Salz, Frühlingszwiebeln, Sojasauce, viele Gemüsesorten, Fisch und Meeresfrüchte. Yang sind Essig, Ingwer, Pfeffer, Wein und Fett sowie alle fetten und in Fett gebratenen Speisen. Reis gilt gewöhnlich als Yin. Doch ebenso wichtig ist die Ausgewogenheit von «Fan», dem Grundbestandteil, und «Ts'ai», dem würzenden Teil eines Gerichts. Essen ist nicht nur Nahrung für den Körper, sondern gleichzeitig Medizin. Es verwundert daher nicht, dass in China die Zubereitung von Speisen auf höchstem Gourmetniveau schon immer ein hochgeschätzter Beruf war. In den chinesischen Städten hat sich bereits vor tausend Jahren eine hohe Restaurantkultur entwickelt. Es gibt jedoch auch viele gute Gerichte, die leicht zuhause zubereitet werden können. Meine chinesischen Lieblingsrezepte sind die, die ich von chinesischen Freunden bekommen habe – von Berufsköchen wie auch von Hausfrauen. Die Gerichte, die ich besonders gern esse, sind die, die ich in meiner Jugend in Indonesien und Singapur kennengelernt habe. Sie mögen keine Klassiker der Kaiserzeit sein, doch die Kochmethoden – Pfannenrühren, Fritieren, Dämpfen und Schmoren – machen sie in Verbindung mit Gewürzen und frischen Zutaten zu einer wahren Gaumenfreude.

KOREA

Chapchae (siehe Seite 12)

Ich erinnere mich an meine Eindrücke während einer Zugfahrt durch Korea: Reisfelder, tiefhängende Wolken und kühle Luft in den Bergen – wie in Nordengland. Die Menschen, denen wir begegneten, waren gastfreundlich, rauh und offenherzig. Jahrhundertelang war Korea wie die Nuss im Nussknacker zwischen China und Japan. Die Menschen mussten viel erleiden, doch sie übernahmen auch viel Nützliches von beiden Völkern. Die koreanische Küche zeigt starke chinesische und japanische Einflüsse, hat sich aber ihren eigenen delikaten, doch unprätentiösen Charakter bewahrt. Auf den ersten Blick scheint sie recht kompliziert zu sein. Die kunstvolle Präsentation wird indessen durch einfache Mittel erreicht, wie etwa durch die präzise Anordnung von verschiedenfarbigen Gemüsen. Vielleicht mehr als ihre Nachbarn lieben die Koreaner dampfgegarte Gerichte: Suppen mit gedämpften Fisch und Gemüsegerichte mit Tofu gibt es reichlich. Die Gewürze werden mit Bedacht gewählt auf Grund der «fünf Geschmacksarten», die für die asiatische Küche wesentlich sind: sauer, süss, salzig, bitter und scharf. Die Säure liefern Essig und sauer eingelegtes Gemüse wie Kimchee. Die Süsse stammt von Reiswein (Mirin) sowie von Erdbeer- und Kirschwein, das Salzige von Sojasauce, das Bittere meist von Wurzeln wie Ginseng und die Schärfe von Pfeffer und Chilis.

JAPAN

Sushi (siehe Seite 71)

Die japanische Küche wird als «einfache Kunst» bezeichnet. Aber diese Einfachheit, das Ergebnis jahrhundertelanger Verfeinerung, ist exquisit und atemberaubend und verträgt sich nicht mit anderen Kochstilen und Küchentraditionen. Je bekannter die japanische Küche wird, desto mehr wird sie in der ganzen Welt geschätzt, besonders wegen der Frische und Würze ihrer Speisen. Obgleich ich viele japanische Gerichte gut kochen kann, traue ich mir nicht zu, ein komplettes japanisches Menü im traditionellen Stil zuzubereiten. Um das zu können, muss man in der japanischen Tradition verwurzelt sein und wissen, wie wichtig die richtige Reihenfolge der einzelnen Gerichte innerhalb eines Menüs ist. Das Essen wird zu einer Form von Theater. Das Stück muss einen Anfang, eine Mitte und ein Ende haben. Das hört sich einfach genug an: Vorspeise, Hauptgericht, Dessert. Doch der erste Gang besteht gewöhnlich aus drei Gerichten: ein Appetithappen, wie etwa ein kleines Stück kunstvoll geschnittener Fisch oder Garnele mit ein bis zwei Ginkgonüssen oder Wasserkastanien, danach eine kleine Schale klarer Brühe, gefolgt von Sashimi, einer Delikatesse aus rohem Fisch. Der raffinierte Hauptgang besteht aus einer ganzen Speisenfolge: gegrillte, gedämpfte, gedünstete und fritierte Speisen sowie ein entweder in Essig gekochtes oder mit Essig angemachtes Gericht. (Im Gegensatz dazu kann ein Familienessen oft nur aus einem Eintopfgericht bestehen.) Zum Abschluss gibt es kein Dessert, sondern eine Schale weissen Reis, eine Schale Miso-Suppe mit ein wenig sauer eingelegtem Gemüse und anschliessend grünen Tee, zu dem wunderschön zurechtgeschnittenes Obst gereicht wird. Danach sind Gäste und Gastgeber satt, aber nie übersättigt. Ein solches Mahl ist nicht nur für den Gaumen, sondern auch für die Augen und die Seele ein Fest.

創製
瀬戸風味
あずき
三島食品株式会社

DIE ZUTATEN

Exotische Zutaten einzukaufen kann schwierig sein. Doch in grösseren Städten sind sie jetzt gewöhnlich zu bekommen, und auch in kleineren Städten findet man heute wenigstens ein Asiengeschäft. Von chinesischen und indischen Zutaten sind bei uns nur noch die ausgefallensten schwer zu erhalten. Das gleiche gilt mehr und mehr auch für thailändische, malayische und vietnamesische Produkte. Im folgenden Kapitel und in den Rezepten habe ich deshalb Ersatzmöglichkeiten vorgeschlagen. Bei Rezeptzutaten, die nach Belieben verwendet werden können, ist es besser, sie wegzulassen, als nach einem Ersatz zu suchen.

GEMÜSE

Die Asiaten haben Gemüse schon immer hoch geschätzt. Seit Jahrhunderten sind ihnen die therapeutischen Eigenschaften von wildwachsenden wie von Kulturpflanzen und ihre Bedeutung für eine gesunde Ernährung bekannt. In vielen Gebieten des tropischen Asiens können im Jahr mehrere Ernten erzielt werden. Gemüse wird meist als Zwischenkultur von Reis angebaut. Selbst auf dem kleinsten Fleck Erde gedeihen noch ein paar Bohnen oder Kürbisse oder eine Bananenstaude, so dass fast jeder mit frischer, gesunder Nahrung versorgt ist.

AUBERGINEN
Violette Auberginen sind überall erhältlich. Sie müssen fest und glänzend sein. Solche mit runzliger Schale sind nicht mehr frisch. Für die meisten Rezepte benötigt man mittelgrosse Auberginen, für einige jedoch auch violette Mini-Auberginen, die man in indischen Geschäften findet. Die runden grünlichen Apfel- und die winzigen Erbs-Auberginen für thailändische Currys gibt es in Thaigeschäften.

MOOLI
Dieser grosse weisse Rettich, auch Daikon genannt, hat einen pfeffrig-scharfen, leicht bitteren Geschmack. Für Salate wird er geschält, in dünne Streifen geschnitten und 30 Minuten in eiskaltes Wasser gelegt, damit er knackiger wird. Man kann ihn auch für Suppen oder pfannengerührte Gerichte verwenden.

BANANENBLATT
Vor der Verwendung waschen, danach zum Auslegen von Servierplatten oder zum Einwickeln von zu garenden Zutaten zurechtschneiden. Tiefgefrorene Blätter müssen bald nach dem Auftauen verwendet werden.

GEMÜSEBANANE
Reife gelbe Gemüsebananen sind ausgezeichnet zum Braten, unreife grüne sind gut zum Fritieren als Chips.

BANANENBLÜTE
Nach dem Entfernen der harten Deckblätter wird das zarte Innere in Streifen geschnitten, einige Minuten blanchiert und für Suppen oder Salate verwendet.

Okra

Okrascheiben

OKRA
Okraschoten, in Sri Lanka Bandakka und in Indien Bindhi genannt, sondern beim Kochen einen milchigen Schleim ab. Knusprig gebraten sind sie köstlich.

SPARGELBOHNEN
Sie gibt es in Thai- und Indienläden. Sie müssen frisch grün und fest sein. Gewöhnlich gart man sie nur kurz, damit sie noch Biss haben.

ASIATISCHE ROTE ZWIEBELN
Ich verwende sie für Röstzwiebeln (Rezept Seite 132), da sie nur einen geringen Wassergehalt haben. Sie sind in Asiengeschäften erhältlich.

Frische Shiitake-Pilze

Getrocknete Shiitake-Pilze

SHIITAKE-PILZE
Frische Shiitake-Pilze haben eine weiche Konsistenz und eignen sich ausgezeichnet für pfannengerührte Gerichte. Getrocknete Pilze muss man in heissem Wasser einweichen (siehe Seite 155). Die zähen Stiele und das Einweichwasser können für Brühen verwendet werden. Beide Sorten gibt es in Asiengeschäften und gut sortierten Gemüseläden.

WOLKENOHREN
Es gibt verschiedene Sorten dieser Pilze. Die kleinsten haben das beste Aroma. Nach dem Einweichen in heissem Wasser (siehe Seite 155) haben sie eine angenehme Konsistenz.

WASSERSPINAT
In Südostasien wächst er so reichlich wie Brunnenkresse. Sein Geschmack liegt zwischen Brunnenkresse und Spinat. Die Stiele bleiben selbst nach dem Garen knackig. Falls er nicht erhältlich ist, kann man statt dessen Brunnenkresse oder Spinat verwenden.

WASSERKASTANIEN
In den meisten Supermärkten sind sie als Konserve erhältlich. Frische kann man manchmal in Asiengeschäften kaufen. Sie müssen dann frisch und unbeschädigt sein. Nach dem Waschen werden sie mit einem scharfen Messer geschält.

BAMBUSSPROSSEN
Kaufen Sie gute Konservenwaren. In einer Glasschüssel mit kaltem Wasser bedeckt halten sie sich im Kühlschrank etwa eine Woche.

STROHPILZE
Die in vielen Ländern Asiens beliebten Pilze werden auf Reisstroh kultiviert. Im Westen gibt es sie nur als Konserve. Sie haben dann viel von ihrem Aroma verloren. Verwenden Sie als Ersatz lieber frische Champignons.

FRÜCHTE, NÜSSE UND SAMEN

Mit Ausnahme von vielleicht nur der Ringelblume sind die folgenden Ingredienzien nicht wildwachsend – selbst nicht in ihren Ursprungsländern. Die meisten sind schon seit Jahrhunderten kultiviert worden. Andere sind von weit hergekommen und in fremden Ländern heimisch geworden. Selbst die bescheidene Erdnuss ist zu einem höchst anspruchsvollen Handelsprodukt geworden. Roh oder gekocht gehören die folgenden Früchte, Nüsse und Samen zu den geschmacklich besten und am vielseitigsten zu verwendenden pflanzlichen Nahrungsmitteln der Welt.

KAFFIRLIMETTEN
Der Saft dieser Frucht macht Chilisaucen pikant. Die runzelige Schale wird in Streifen geschnitten und zum Würzen von Currys und ähnlichen Gerichten verwendet. Getrocknete Schalen kann man in Päckchen kaufen.

QUITTEN
Diese duftenden Früchte gibt es im Herbst. In Asien gelten sie als Gemüse und werden entweder mit Fleisch gefüllt oder klein gewürfelt für Füllfarcen von Geflügel und Fischen verwendet.

POMELO
Pomelos sind grösser als Grapefruits. Sie haben eine dicke grünlichgelbe Schale. Sie werden für sich oder in Salaten gegessen.

RINGELBLUMEN
Frische Blütenblätter aus dem Garten verleihen Moo Wan (Rezept Seite 98) Farbe und Aroma. In einigen Asiengeschäften findet man getrocknete Blütenblätter.

CANDLE NUTS
Sie kommen aus Indonesien und Malaysia und sollen nur gekocht verwendet werden, da sie roh leicht giftig sind. Verwenden Sie Mandeln oder Macadamianüsse als Ersatz.

GINGKONÜSSE
Die kleinen blassgelben Nüsse werden in der japanischen und chinesischen Küche verwendet. Im Westen sind sie nur als Konserve in Asiengeschäften erhältlich.

CASHEWNÜSSE
In der asiatischen Küche werden sie ganz, grob gehackt oder als Paste zerstossen verwendet. Rösten verleiht ihnen einen besonderen Geschmack.

MANDELN
Im folgenden werden Mandeln in verschiedenen indischen Rezepten verwendet. Sie sind ein guter Ersatz für Candle Nuts.

Reife Mango

MANGO

Die besten Mangos sind die indischen, thailändischen und die Sorte «Manila» von den Philippinen. Reife Früchte sind fest, aber nicht hart. Sie müssen ein orangefarbenes, duftendes, süsses Fleisch ohne Fasern haben haben. Die kleinen grünen Mangos, die in indischen Geschäften erhältlich sind, haben eine erfrischende Säure und eignen sich für Chutneys.

GUAVA

Die Frucht ist verschieden gross, birnenförmig mit rosa oder gelblichem Fruchtfleisch. Man kann sie schälen, in Schnitze schneiden und wie einen Apfel essen. Die Samen sind essbar. Zum Kochen wird nur das geschälte Fleisch verwendet.

Grüne Mango

KOKOSNUSS

Bevor Sie eine frische Kokosnuss kaufen, schütteln Sie sie. Man muss das Wasser im Inneren hören. Aus getrocknetem und geraspeltem Kokosnussfleisch macht man Kokosnussmilch, eine weissliche Flüssigkeit, die man aus der in heissem Wasser eingeweichten Raspel abpresst. Kokosnusscreme ist die dicke weisse Schicht, die sich auf der Oberfläche von im Kühlschrank gekühlter Kokosmilch absetzt.

Frische Kokosnuss

Getrocknete, geraspelte Kokosnuss

Ganze Kokosnuss

MACADAMIANÜSSE

In Supermärkten und Asiengeschäften gibt es geröstete Macadamianüsse. Sie sind ein guter Ersatz für Candle Nuts.

ERDNÜSSE

Sie werden häufig in der asiatischen Küche verwendet. Kaufen Sie rohe Erdnüsse und rösten Sie sie wegen des besseren Aromas selbst.

Kokosnussmilch

MOHNSAMEN

Die graublauen Samen werden zum Brotbacken verwendet, die gelblichweissen zum Andicken von Currysaucen.

SESAMSAAT

Sesamsaat ist ein wichtiges Ingredienz aller fernöstlichen Küchen. Sie wird im Ganzen oder als Paste verwendet und liefert ein aromatisches Öl.

Kokosnusscreme

REIS, NUDELN UND TEIGHÜLLEN

Stärkereiche Bohnen und Körner sind die vielseitigsten Nahrungsmittel überhaupt. Die meisten natürlichen Stärken können zu Mehl und danach zu Teig für Nudeln, Brot und Gebäck verarbeitet werden. Auch Reis ist stärkehaltig. Sojabohnen sind ausserordentlich nahrhaft. Sie sind die Basis für Tofu und solche Würzmittel wie etwa Sojasauce, die für die authentische asiatische Küche unentbehrlich ist.

JAPANISCHER REIS
Japan exportiert keinen Reis. Die Japansorten, die im Westen erhältlich sind, kommen fast ausschliesslich aus Kalifornien. Es gibt verschiedene Sorten. Alle haben ein rundes Korn.

BASMATIREIS
Basmati, der feinste Langkornreis, wächst im Vorgebirge des Himalaya. Der beste Basmati wird nach Europa exportiert. Basmatireissorten werden heute auch in Australien und den USA angebaut.

JASMINREIS
Der beste Reis aus Thailand, dem grössten Reis exportierenden Land, ist jetzt überall erhältlich und auch unter der Bezeichnung thailändischer Duftreis bekannt. Es ist ein Langkornreis mit weicheren Körnern als Basmati, die leicht klebrig sind.

KLEBREIS
Nach dem Garen sind seine Körner weich und klebrig, daher die Bezeichnung. Weisser Klebreis wird in ganz Südostasien angebaut. Die schwarzen Sorten sind selten und im Westen schwer erhältlich.

Japanischer Seidentofu

Chinesischer Tofu

Gebratener Tofu

TOFU
Japanischer Sojabohnenquark oder Seidentofu ist sehr weich, während chinesischer Tofu fester ist. Beide Sorten sind mit Wasser bedeckt und in Plastikbehältern in Asien- und Naturkostläden erhältlich. Beim Braten nimmt Tofu die Würzsauce auf. Man kann ihn auch füllen.

YIFU- ODER YI-NUDELN
Dies sind Eiernudeln, die fritiert und danach getrocknet sind. Es gibt sie in chinesischen Geschäften. Sie werden vor der Weiterverwendung 3 bis 4 Minuten in heissem Wasser eingeweicht. Als Ersatz kann man frische oder getrocknete Eiernudeln nehmen..

UDON-NUDELN
Die runden oder breiten Nudeln gibt es in Japanläden. Es sind Weizennudeln, die kalt oder heiss in Brühe serviert werden, die mit Frühlingszwiebeln und Sieben-Gewürz gewürzt ist.

SHIRATAKI-NUDELN
Die feinen Fadennudeln werden aus der stärkehaltigen Wurzel einer Pflanze hergestellt, die in Japan als Konnyaku oder Teufelszunge bekannt ist. Sie sind eine der Grundzutaten für Sukiyaki und können durch Reis-Vermicelli ersetzt werden.

HÜLLEN FÜR FRÜHLINGS-ROLLEN

Diese sind in drei verschiedenen Grössen in Asienläden erhältlich. Die kleinsten sind Quadrate von etwa 12 cm Seitenlänge und werden für Mini-Frühlingsrollen verwendet. Für die Standard-Frühlingsrollen (Rezept Seite 64) werden Quadrate mit einer Seitenlänge von 24 cm benötigt. Die grössten Hüllen mit einer Seitenlänge von 30 cm können in Streifen geschnitten und für Samosa (Rezept Seite 65) verwendet werden.

Frühlingsrollen-Hüllen

Tofublätter

TOFUBLÄTTER

Diese Blätter sind ziemlich gross und sehr zerbrechlich. Man kann sie in Asienläden kaufen, wo sie in Pergamentpapier gewickelt in Plastikbeuteln angeboten werden. Vor der Verwendung werden sie kalt eingeweicht, danach mit der Schere passend zurechtgeschnitten. Ich verwende sie für die «Vegetarische Gans» (Rezept Seite 118).

WONTON-HÜLLEN

Sie werden aus einem Teig von Mehl und Eiern gemacht. Sie sind frisch oder tiefgefroren in Asienläden in zwei Stärken erhältlich – sehr dünn zum Fritieren und dick zum Dämpfen.

Wonton-Hüllen

MANDARIN-PFANNKUCHEN

Sie werden zum Servieren der Peking-Ente benötigt (Rezept Seite 46) und sind aus Mehl, Wasser und etwas Sesamöl hergestellt. Es gibt sie tiefgefroren in Chinaläden. Nach dem Auftauen werden sie 8 bis 10 Minuten über Dampf gegart, danach zugedeckt in einer Schüssel oder eingeschlagen in einer Serviette bereit gehalten, da sie schnell austrocknen.

Mandarin-Pfannkuchen

REISNUDELN

Sie werden aus Reismehl hergestellt. Es gibt sie als sehr dünne Fäden (Reis-Vermicelli) und als Bandnudeln in verschiedener Breite (auch Rice Sticks genannt). Rice Sticks sind in Vietnam, Singapur und Malaysia beliebt. Thailänder und Indonesier ziehen die dünneren Vermicelli vor.

GLASNUDELN

Diese Nudeln aus Mungbohnen-Stärkemehl werden Glasnudeln oder Glas-Vermicelli genannt, da sie wie gesponnenes Glas aussehen. Sie brauchen nicht gekocht, sondern nur 10 bis 15 Minuten in heissem Wasser eingeweicht zu werden.

Reis-Vermicelli

Breite Reisnudeln

Glasnudeln

Glas-Vermicelli

KRÄUTER UND GEWÜRZE

Kräuter und Gewürze sind das Herzstück der asiatischen Küche. Viele waren früher Luxusgüter in Asien genau wie in Europa. Diejenigen, die billiger waren, wurden oftmals unterbewertet. Ein Gewürz, das fast überall in Asien verwendet wird, ist der Chili – und der wurde erst im 16. Jahrhundert aus Mittelamerika eingeführt.

THAILÄNDISCHES BASILIKUM
In Thailand gibt es wenigstens drei Sorten: Anis-Basilikum (siehe Abb.), Thai-Basilikum und Heiliges Basilikum. Da alle verschieden schmecken, kaufen Sie nach Möglichkeit das, was im Rezept angegeben ist.

KURKUMA
Dieses Gewürz verleiht asiatischen Festtagsgerichten eine goldgelbe Farbe und einen ausgeprägten Geschmack. Es ist jedoch kein Ersatz für Safran.

CHINESISCHER SCHNITTLAUCH
Er ist würziger als der europäische. Zerschneiden Sie den Lauch samt Blüten und verwenden Sie ihn für Frühlingsrollen und Pfannengerührtes. Die Blüten sind eine essbare Dekoration.

GEWÜRZNELKEN
Sie werden fast überall in Asien für salzige und süsse Gerichte verwendet. Ganze Gewürznelken müssen vor dem Servieren entfernt werden.

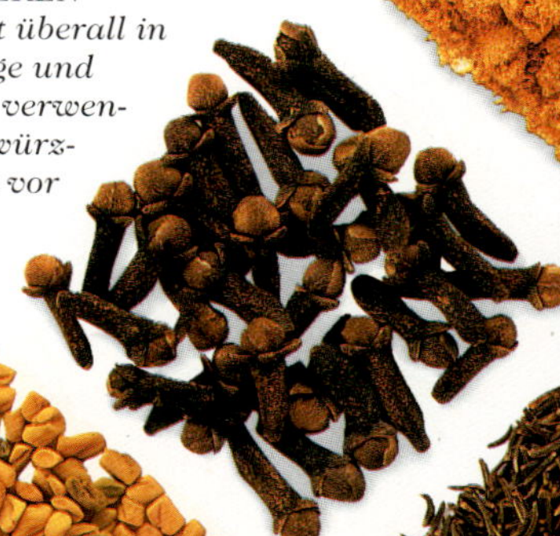

BOCKSHORNKLEESAMEN
Diese sind in Südindien sehr beliebt, wo sie ein unverzichtbarer Bestandteil von Currypasten sind.

BOCKSHORNKLEEBLÄTTER
Frische Blätter, die sehr häufig in Indien verwendet werden, gibt es in indischen Geschäften; getrocknete werden unter der Bezeichnung Methi angeboten.

KORIANDER
Die Körner sollten vor der Verwendung trocken angeröstet werden, damit sie aromatischer werden. Gemahlener Koriander verliert sein Aroma bei längerer Aufbewahrung.

KORIANDER
Frischer Koriander in kleinen Töpfchen ist jetzt mehr und mehr im Frischkräuterregal der Supermärkte zu finden. Aromatischere Pflanzen mit essbaren Wurzeln gibt es in Asienläden. Gründlich gesäuberte Wurzeln können bis zu einem Monat tiefgefroren werden (Blätter und Stengel jedoch nicht). Blätter, Stengel und Wurzel sind wesentliche Bestandteile von thailändischen grünen Currypasten, während in der indischen und chinesischen Küche nur die Blätter verwendet werden.

KAFFIRLIMETTENBLÄTTER
Die aromatischen Blätter findet man in Thailäden. Sie werden ganz, fein zerschnitten oder zu Paste zerstossen verwendet.

CURRYBLÄTTER
Man kann sie frisch oder getrocknet in indischen Lebensmittelgeschäften kaufen. Es gibt dafür keinen Ersatz.

GOLDNADELN
Diese getrockneten Blütenknospen einer Taglilienart sind in Chinaläden erhältlich. Vor der Verwendung müssen sie in heissem Wasser eingeweicht werden.

STERNANIS
Die sternförmigen Samenkapseln einer chinesischen Magnolienart haben einen ausgeprägten Anisgeschmack. Sie werden im ganzen oder gemahlen verwendet.

Mittelgrosse Chilis

Grosse Chilis

Vogelaugenchilis

Getrocknete Vogelaugenchilis

CHILIS
Was für den einen angenehm scharf ist, kann einem anderen den Mund verbrennen. Die Schärfe steckt zum grossen Teil in den Samen. Wenn man diese entfernt, verringert man die Schärfe, behält aber das Aroma. Im allgemeinen gilt, dass kleine Chilis schärfer als grosse und getrocknete schärfer als frische sind. Wenn Sie die Schärfe eines Rezeptes mildern wollen, verwenden Sie weniger Chilis als angegeben.

SCHWARZKÜMMEL (MITTE) UND KREUZKÜMMEL
Beide Gewürzen werden gewöhnlich geröstet, zerstossen und in eine Currypaste gemischt. Kreuzkümmel wird in Südostasien verwendet. Die indische Küche zieht Schwarzkümmel oder Nigella vor.

SIEBEN-GEWÜRZ
Das japanische Shichimi ist eine Mischung aromatischer Gewürze, zu denen Mandarinenschale, Sesam- und Mohnsaat sowie Algenflocken gehören. Scharfe Mischungen enthalten zusätzlich Sansho-Pfeffer und Ingwer.

INGWER
Diese Wurzelsprosse braucht kaum mehr eine Erklärung, da sie so bekannt ist. Verwenden sie frischen Ingwer statt getrocknetem, da sein Aroma so viel besser ist. Man bricht oder schneidet ein Stück ab und schält es vor dem Zerkleinern.

ZIMT
Kaufen Sie lieber Stangenzimt statt gemahlenem. Er hat ein stärkeres Aroma und hält sich länger.

GRÜNER KARDAMOM
Das Gewürz stammt aus Südindien, wird aber heute überall in den Tropen angebaut. Die Kapseln würzen ein Gericht subtiler, wenn sie vor dem Servieren entfernt werden.

GALGANT
Diese Wurzelsprossen verleihen pikanten Gerichten eine aromatische Bitterkeit. Frischen Galgant findet man in den meisten Thailäden als «Ka». Getrockneter tut es jedoch auch. Nehmen Sie 1/4 TL für 1 cm frische Wurzel. Geben Sie keine getrockneten Stücke in den Mixer. Sie sind so hart, dass sie das Messer beschädigen.

KASSIARINDE
Diese Rinde ist mit Zimt verwandt, jedoch dicker. Sie wird in grossen Stücken zum Würzen von Pilaws und ähnlichen Gerichten verwendet, Zimt dagegen zum Würzen von Süssspeisen. Vor dem Servieren werden die Stücke entfernt.

ZITRONENGRAS
Bis vor wenigen Jahren war es im Westen völlig unbekannt. Als Hauptzutat der thailändischen Küche ist es jetzt enorm beliebt und heute selbst in Supermärkten erhältlich. Wie sein Name besagt, verleiht es einem Gericht eine angenehme zitrusartige Säure.

DER VORRATSSCHRANK

Die folgenden Produkte mit charakteristischem Geschmack haben ungeöffnet eine lange Haltbarkeit. Doch beachten Sie trotzdem ihr Verfallsdatum. Nach dem Öffnen halten sich Soja- und Fischsauce, Weine und Essige fast unbegrenzt, während Öle innerhalb weniger Monate zu verbrauchen sind. Fest verschlossen hält sich Bohnensauce etwa einen Monat im Kühlschrank. Andere Produkte sollten innerhalb eines Monats verbraucht werden. Sie verderben zwar nicht, verlieren aber an Aroma – und das Aroma ist es ja, wofür man sie kauft.

HOISIN-SAUCE
Die klassische Sauce für «Peking-Ente» (Rezept Seite 46) wird aus Sojabohnen, Weizen, Essig, Salz und Sesamöl hergestellt.

GELBE BOHNENSAUCE
Dieses Sojabohnenpüree ist unter der Bezeichnung «fermentierte gelbe Bohnen» in Gläsern oder Dosen erhältlich. Mit dem Zusatz von Chilis ist es Chilibohnensauce.

SCHWARZE BOHNENSAUCE
Sie wird aus schwarzen Sojabohnen gemacht, die nach der Fermentation getrocknet werden. Die Sauce ist eher erhältlich als die getrockneten Bohnen und passt ausgezeichnet zu Fisch und Meeresfrüchten.

CHILISAUCE
Kaufen Sie eine Sauce, die nur aus Chilis, Salz und etwas Essig besteht. Ein Teelöffel entspricht einer frischen roten Chili.

SOJASAUCE
Helle Sojasauce ist salzig und färbt nicht die Speisen wie die süssere dunkle Sauce. Tamari ist eine dunkle, milde japanische Sojasauce.

AUSTERNSAUCE
Vergewissern Sie sich, dass sie echte Austernsauce kaufen, die aus Austernsaft gemacht ist. Viele Marken sind nur Saucen mit «Austernaroma».

FISCHSAUCE
Pikante Fischsaucen sind in ganz Südostasien beliebt. Nam Pla ist die thailändische, Nuoc Mam die vietnamesische Variante. Verwenden Sie die, die im Rezept angegeben ist.

WEIN
Köche in ganz Asien verwenden Wein, der aus Klebreis hergestellt wird. In China ist Shaohsing-Wein der berühmteste. Er ist in Chinaläden erhältlich und kann nur durch einen guten trockenen Sherry ersetzt werden. Mirin ist ein süsser Wein aus Japan. Mit Sojasauce vermischt würzt er Schmorgerichte und glasiert Teriyaki. Sake, das japanische Nationalgetränk, wird auch in der Küche verwendet, z.B. als zartmachende Marinade für Fleisch.

ESSIG
Weisser destillierter Malzessig wird zwar in kleinen Mengen in ganz Asien verwendet, doch die meisten asiatischen Essigsorten werden aus Reis hergestellt. Sie haben einen geringen Säuregehalt und werden nur zum Würzen gebraucht. Gewöhnlicher japanischer Reisessig (z.B. Mitsukan) ist hell und mild. Der nach traditioneller Art hergestellte braune Reisessig (Togazu) ist der beste. Der chinesische «rote» Essig, der gewöhnlich braun oder schwarz ist, wird aus Hirse hergestellt.

CHILIÖL
Obgleich das fertige Öl erhältlich ist, kann man es doch leicht zuhause herstellen, indem man Chilis in Erdnussöl legt. Es verleiht Dressings und Gerichte einen milden Chiligeschmack.

GHEE
Dieses indische Kochfett ist ein Butterschmalz, das einen kräftigeren Geschmack als das im Westen gebräuchliche. Man kann es in indischen Läden als Dosenware kaufen.

SESAMÖL
Es wird sparsam als Würze für chinesische, japanische und koreanische Gerichte verwendet. Es ist nicht zum Braten geeignet.

ERDNUSSÖL
Es ist ideal zum Braten, da es hoch erhitzbar ist und den Geschmack der Speisen nicht beeinflusst.

BONITO-BRÜHE
Bonito-Brühe, auch Dashi genannt, wird aus Kelp (Kombu) und getrockneten Bonito-Flocken (Katsuobushi) gemacht. In der japanischen Küche wird es als Suppe und Fond verwendet. Instant-Dashi gibt es in Japanläden, doch selbst hergestelltes ist besser (Rezept Seite 156).

Bonito-Flocken

Kelp

Dashi

Weisses Miso

Rotes Miso

Gelbes Miso

ASAFOETIDA
Das Gewürz wird in indischen Geschäften als Hing-Pulver verkauft. Bewahren Sie es luftdicht verschlossen auf und verwenden Sie es sparsam. Sein strenger Geruch verflüchtigt sich beim Kochen. Sie werden feststellen, dass es den Geschmack der Speisen erhöht.

GETROCKNETE SARDELLEN
In Malaysia werden sie Ikan Bilis, in Indonesien Ikan Ter genannt. Sie sind – mit oder ohne Kopf – erhältlich. Vor der Verwendung werden die Köpfe entfernt, dann werden die Sardellen in Öl fritiert oder im Ofen knusprig gebraten.

MISO
Diese japanische Würze wird aus mit Reis, Salz und Wasser fermentierter Sojabohnenpaste hergestellt. Weisses Miso (Shiromiso) wird meist für Süssspeisen verwendet. Rotes Miso (Akamiso) hat einen hohen Protein- und Salzgehalt. Gelbes Miso (Shinshu-Miso) ist vielseitig verwendbar, es ist nicht süss und sehr salzig.

ZUCKER UND ZUCKERSIRUP
Palmzucker wird oft unter seiner anglo-burmesischen Bezeichnung «Jaggery» angeboten. Es ist ein brauner Zucker, der aus dem Saft der Kokosblüte gewonnen wird. Falls nicht erhältlich, kann er durch braunen Rohrzucker ersetzt werden. Kitul Treacle ist ein brauner Zuckersirup, den man selber kochen kann (siehe Seite 156).

Zerkleinerter Palmzucker

Palmzucker

Kitul Treacle

TAMARINDE
Das Fruchtfleisch und die Samen der Tamarindenfrucht werden gepresst und in Blöcken verkauft. Tamarinde wird stückweise in heissem Wasser eingeweicht und ergibt eine säuerliche Paste oder Flüssigkeit (siehe Seite 101).

Tamarinde

REISSTÄRKE
Die besten Sorten kommen aus China. Die Reisstärke ist nicht mit Klebreisstärke zu verwechseln. Reismehl ist kein Ersatz, da es nicht fein genug ist.

REISMEHL
Ebenso wie Klebreismehl, das allerdings ganz andere Kocheigenschaften hat, ist es häufig in Supermärkten erhältlich.

AGAR-AGAR
Eine Pflanzengelatine, die aus Algen gewonnen wird und bereits bei 45 °C geliert. Sie ist in Strängen, Blättern oder Pulver im Handel.

Geschälte rote Linsen ***Grüne Linsen***

Ganze Mungbohnen ***Geschälte Mungbohnen***

LINSEN
Rote Linsen sind gewöhnlich geschält im Handel. Sie werden für Suppen und zum Andicken von Saucen verwendet. Grüne Linsen, die roh bräunlich aussehen, werden hauptsächlich für indische Gerichte verwendet.

MUNGBOHNEN
Ganze Mungbohnen werden für Bohnensprossen verwendet. Geschälte Mungbohnen werden wie Linsen gekocht und gegessen.

GERÖSTETE ZWIEBELN
Sie werden aus den kleinen asiatischen roten Zwiebeln zubereitet und sind in Gläsern in Asiengeschäften erhältlich. Wie man sie zuhause macht, ist auf Seite 132 beschrieben.

EINGELEGTER INGWER
Nur junge Ingwerwurzeln werden eingelegt, da sie zart und nicht faserig sind. Japanischer eingelegter Ingwer ist häufig rosa, da der zum Einlegen verwendete Essig rote Shiso-Blätter enthält.

EINGELEGTE CHILIS
Kaufen Sie eine gute Sorte, die nicht zuviel Essig enthält, und geben Sie davon nur kleine Mengen in Würz- oder Currypasten.

PRAWN CRACKER
Chinesische Cracker werden getrocknet in Päckchen verkauft; doch indonesischer Krupuk ist geschmacklich besser.

WASABIPASTE
Frischer Wasabi (Wasabi japonica) ist kaum ausserhalb von Japan erhältlich. Wasabipaste gibt es jedoch in Tuben. Wasabipulver, das in Döschen verkauft wird, besteht aus Meerrettich, der grün gefärbt und geschmacklich weniger gut ist.

Wasabipaste

GARNELENPASTE
Sie heisst Terasi oder Trassie in Indonesien, Kapi in Thailand und Balachan in Malaysia. Bevor man sie in eine Gewürzpaste oder Sambal mischt, muss sie 5–10 Minuten gegrillt oder geröstet werden, bis sie trocken und krümelig ist.

Garnelenpaste

Rohe Prawn Cracker

Fritierter Prawn Cracker

GETROCKNETE GARNELEN
Diese werden mit Chilis oder Knoblauch zu einer Paste zerstossen und als Würze verwendet.

Getrocknete Garnelen

KLASSISCHE GERICHTE

Hier ist eine Auswahl von 18 Gerichten, die die meisten sicherlich kennen oder vielleicht schon probiert haben – entweder im Restaurant oder auf Reisen. Sie sind ganz einfach zuzubereiten und eignen sich sowohl für den Familientisch wie für eine elegante Dinner-Party oder ein Büfett. Zwei bis drei Gerichte können zu einem exotischen, originellen und ausgewogenen Mahl zusammengestellt werden.

Falls nicht anders angegeben, sind alle Gerichte für 4 Personen berechnet.

SNACKS UND APPETITHAPPEN

Einen kleinen Imbiss zu sich zu nehmen ist in Asien eine schon lange etablierte Kunst. Sie wurde in den Städten vervollkommnet, wo Strassenhändler den Passanten Erfrischungen anbieten. In den grossen modernen Städten, wo der Verkehr das Leben auf den Strassen immer weniger attraktiv macht, hat sich das Imbissgeschäft in grosse Lebensmittelmärkte verlagert.

REMPAH-REMPAH

Garnelen-Bohnensprossen-Bällchen (Malaysia)

Fast in ganz Südostasien, wo immer Garnelen reichlich vorhanden und billig sind, erfreuen sich diese fritierten Bällchen grosser Beliebtheit. Sie schmecken immer – warm oder kalt, bei Dinner-Parties oder Picknicks.
(Rezept Seite 70)

SHUEN GUEN

Frühlingsrollen (China)

Es heisst, dass sie bereits aus der Tang Dynastie stammen (6. bis 9. Jh. v. Chr.). Sie wurden damals mit dem ersten frischen Frühlingsgemüse gefüllt; nach der Winternahrung war dies hochwillkommen. Der Name und das Konzept haben sich nicht geändert, nur die Füllungen haben sich weiterentwickelt und den Essgewohnheiten der verschiedenen Länder angepasst.
(Rezept Seite 64)

PERGEDEL JAGUNG

Maisküchlein (Indonesien)

Mais wurde im 16. Jahrhundert von den portugiesischen und spanischen Seefahrern nach Asien gebracht. Heute wird er dort fast überall angebaut. Genauso verbreitet sind die zur gleichen Zeit eingeführten Chilis, mit denen diese Maisküchlein pikant gewürzt sind.
(Rezept Seite 64)

Patties

Teigtäschchen (Sri Lanka)

Dies ist das ceylonesiche Gegenstück zu den Frühlingsrollen. Die kleinen Pastetchen sind bei Kindern und Erwachsenen gleichermassen beliebt. Man kann sie aus Mürbeteig oder aus einem echten Sri-Lanka-Teig mit Kokosnussmilch machen.
(Rezept Seite 62)

Sushi

Reisröllchen (Japan)

Dieser elegante Snack stammt aus einem asiatischen Land, wo man kaum jemanden auf der Strasse essen sieht. In Japan ist die Sushi-Bar entstanden, das Gegenstück zum europäischen Café. Es gibt eine Vielfalt verschiedener Sushi. Die hier abgebildeten sind einfach zuzubereiten und schmecken sicherlich allen.
(Rezept Seite 71)

IKAN MASAK MOLEK

Fischcurry (Malaysia)

Die Malayer sehen Fischköpfe als grosse Delikatesse an und Fischkopfcurry ist ein beliebtes klassisches Gericht. Diese abgemilderte Version wird mit einem ganzen Fisch zubereitet, so dass man der Tradition gemäss den Fischkopf dem Ehrengast anbieten kann, der ihn mit Dank annimmt. Servieren Sie dazu Bandakka-Curry (Rezept Seite 115) und einfachen gekochten Reis.

1,25 l dicke Kokosmilch (siehe Seite 141)
Salz, frisch gemahlener schwarzer Pfeffer
2 mittelgrosse rote Schnapper oder Tilapien oder 4 mittelgrosse Forellen, geschuppt und ausgenommen
2 EL geröstete Zwiebeln (siehe Seite 132) als Garnitur
2 EL fein geschnittene Blattpetersilie

Für die Currypaste
3 grosse rote Chilischoten, entkernt und fein gehackt
4 Schalotten, gewürfelt
2,5 cm frischer Ingwer, geschält und gehackt
2,5 cm frischer Galgant (siehe Seite 27), geschält und gehackt
4 Candle Nuts (siehe Seite 22) oder 8 blanchierte Mandeln, gehackt
5 cm frisches Zitronengras, nur das Innere fein gehackt
1 TL gemahlener Kurkuma
2 EL Tamarindenwasser (siehe Seite 101)
1 TL Salz

1 Alle Zutaten für die Paste zusammen mit 4 Esslöffeln Kokosmilch im Mixer fein pürieren.
2 Die Paste in einem Wok oder einer grossen Sauteuse 5 Minuten erhitzen, bis sich das Öl von der Kokosmilch scheidet. Einige weitere Minuten rühren, danach die restliche Kokosmilch zugiessen.
3 Unter Rühren 30 Minuten auf etwa die Hälfte einkochen lassen. Danach die Sauce abschmecken und den ganzen Fisch einlegen. Schnapper oder Tilapien von jeder Seite etwa 7 Minuten, Forellen etwa 5 Minuten auf kleiner Flamme garen.
4 Den Fischcurry auf eine Servierplatte legen und mit Röstzwiebeln und Petersilie bestreuen.
5 Man kann den Fisch auch filetieren. Dazu nimmt man ihn aus der Sauce, die auf kleiner Flamme warm gehalten wird, zieht die Haut vorsichtig ab und löst die Filets von der Mittelgräte. Je ein Filet auf die Teller verteilen und mit der Sauce überziehen.

Glattblättrige Petersilie

Röstzwiebeln

Schwarzer Pfeffer

Salz

Kokosmilch

Roter Schnapper

Rote Chilis
Schalotten
Ingwer
Galgant
Candle Nuts
Zitronengras
Kurkuma
Tamarindenwasser

MUC DON THIT

Gefüllter Kalmar (Vietnam)

In ganz Asien findet man ähnliche Rezepte. Doch diese besondere Füllung aus Schweinefleisch, Shiitake-Pilzen und Goldnadeln, den getrockneten Knospen der Taglilie, ist die Beste. Nach Belieben kann man Chiliblüten (siehe Seite 155) und Streifen von Frühlingszwiebeln als Garnitur dazu verwenden. Ausreichend für 8 Personen als Vorspeise auf Salatstreifen oder für 4 Personen als Hauptgericht mit Nudeln.

Goldnadeln

8 kleine Kalmare von etwa 7 cm Länge, geputzt (siehe Seite 150) und ihre Tentakeln fein gehackt
Erdnussöl zum Braten

Für die Füllung
60 g Glas-Vermicelli (siehe Seite 25), 5 Minuten in heissem Wasser eingeweicht und abgetropft
8–10 getrocknete Shiitake-Pilze, eingeweicht (siehe Seite 155), Stiele entfernt und Kappen fein gehackt
15 g Goldnadeln (siehe Seite 27), in heissem Wasser 10 Minuten eingeweicht, abgetropft und fein zerschnitten, nach Belieben
250 g fein gehacktes mageres Schweinefleisch
2 Knoblauchzehen, fein gehackt
4 Frühlingszwiebeln, in feine Scheiben geschnitten
3 TL Fischsauce (Nuoc Mam, siehe Seite 28)
¼ TL Salz
1 kleines Ei, verquirlt

Shiitake-Pilze

Glas-Vermicelli

Erdnussöl

Kalmar

1 Für die Füllung die Vermicelli mit einer Küchenschere in kurze Abschnitte schneiden. Mit Küchenpapier trockentupfen und in eine grosse Schüssel schütten.
2 Alle anderen Zutaten für die Füllung, die gehackten Tentakeln und das verquirlte Ei zufügen und gründlich zu einer Farce vermischen.
3 Mit einem Löffel die Kalmare zu je einem Drittel mit der Farce füllen. Die gefüllten Kalmare mit kleinen Holzspiesschen verschliessen.
4 Ausreichend Öl im Wok oder einer tiefen Pfanne erhitzen. Die Kalmare hineingeben und etwa 5 Minuten braten, dabei häufig wenden und mit einem dünnen Metallspiess mehrfach einstechen. Weitere 6 bis 8 Minuten braten, bis sie gut gebräunt sind.
5 Die Kalmare mit einem Sieblöffel aus dem Wok heben und auf Küchenpapier entfetten. Die Holzstäbchen entfernen und die Kalmare quer in 2 bis 3 Scheiben schneiden. Heiss servieren.

Gehacktes Schweinefleisch
Knoblauch
Frühlingszwiebel
Fischsauce
Salz
Verquirltes Ei

OSON

Gedämpfter gefüllter Fisch (Korea)

Fisch, mit verschiedenfarbigem Gemüse gefüllt, ist typisch für die koreanische Küche. Für 8 Personen als Vorspeise oder für 4 Personen als Hauptgericht.

4 Rotzungenfilets von je 150–175 g, jedes in 4 Schrägstreifen geschnitten (siehe Seite 150)
1/4 TL Salz
1/4 TL frisch gemahlener schwarzer Pfeffer
2 EL Erdnussöl
125 g Brunnenkresse
3 mittelgrosse Karotten, in feine Streifen geschnitten (siehe Seite 154)
6 getrocknete Shiitake-Pilze, eingeweicht (siehe Seite 155), Stiele entfernt und Kappen fein geschnitten
125 g braune Champignons, in dünne Streifen geschnitten
175 g Prinzessbohnen, diagonal halbiert
1 TL Sesamöl
2 TL helle Sojasauce
2 TL Speisestärke
2 Eier, aus dem Eigelb ein dünnes gelbes und aus dem Eiweiss ein dünnes weisses Omelett zubereitet und in dünne Streifen geschnitten

Für die Dip-Sauce
1 TL Sesamöl
2 EL helle Sojasauce
2 EL Reisessig (siehe Seite 29)
2 EL Pinienkerne, geröstet (siehe Seite 155), fein gehackt
1–2 kleine getrocknete Chilis, fein gehackt

1 Die Fischstreifen mit Salz und Pfeffer einreiben. Eine Pfanne mit etwas Öl ausstreichen, darin die Brunnenkresse 2 Minuten sautieren und herausheben. Die restlichen Gemüsesorten getrennt nacheinander je 2 Minuten in etwas zusätzlichem Öl sautieren. Auf einen Teller legen und mit etwas Sesamöl und Sojasauce beträufeln.
2 Die Speisestärke mit etwas Salz und Pfeffer vermischen und damit je eine Seite der Fischstreifen einreiben. Darüber von jeder Gemüsesorte und beiden Omeletten einige Streifen legen und die Fischstreifen der Länge nach aufrollen.
3 Einen Bambusdampfkorb (siehe Seite 149) mit einem Stück Musselin auslegen und die Fischröllchen mit der Naht nach unten dicht an dicht hineinlegen. Zugedeckt über sprudelnd kochendem Wasser 5 Minuten garen.
4 Die Röllchen herausheben und aufrecht auf eine vorgewärmte Servierplatte setzen.

Shiitake-Pilze

Karotten

Brunnenkresse

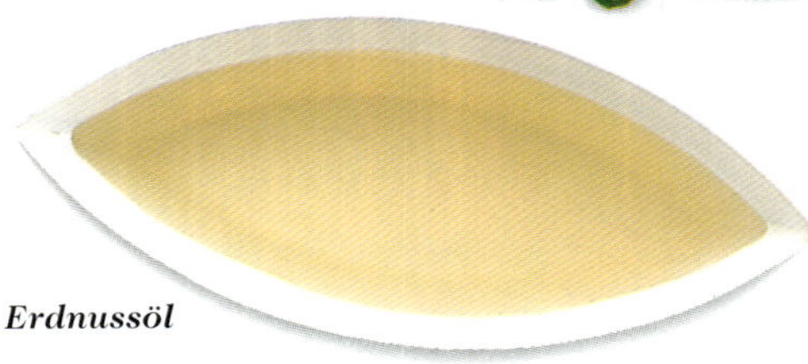

Erdnussöl

Schwarzer Pfeffer

Salz

Rotzunge (Limande)

5 Für die Dip-Sauce alle Zutaten verrühren. Zum heissen Fisch servieren.

Speise-
stärke
Sesamöl
Helle
Sojasauce
Omelette-
streifen
Reisessig
Pinienkerne
Rote Chilis
Prinzess-
bohnen
Braune
Champignons

GAENG KEO WAN KAI

Grüner Hühnercurry (Thailand)

Die Thaiküche hat ebenso wie ihre südostasiatischen Nachbarn eine Vorliebe für mit Kokosmilch zubereitete Gerichte, für scharf und säuerlich schmeckende Kräuter, für Knoblauch, Garnelenpaste und scharfe Chilis. Hier vereinen sich diese Ingredienzien im grünen Curry. Erbs-Auberginen ergänzen den pikanten Geschmack. Doch man kann stattdessen kleine neue Kartoffeln verwenden, die auch in Thailand beliebt sind. Servieren Sie den Curry mit gekochtem Reis und einer Chiligarnitur.

2 EL Speiseöl
750 g Hühnerbrust und -keulen, gehäutet, ausgelöst und in 2 cm grosse Würfel geschnitten
1,25 l Kokosmilch (siehe Seite 141)
250 g Erbs-Auberginen (siehe Seite 20) oder kleine neue Kartoffeln
1 EL Koriandergrün, fein zerschnitten

Für die Paste

2 EL Koriandergrün, zerschnitten
1 EL Korianderwurzeln oder -stiele, zerschnitten
3 Knoblauchzehen, fein gehackt
2 Schalotten, fein gehackt
5 cm frisches Zitronengras ohne Aussenblätter, fein gehackt
2 cm frischer Galgant (siehe Seite 27), fein gehackt
1 TL abgeriebene Kaffirlimettenschale (siehe Seite 22)
1 TL gemahlener schwarzer Pfeffer
je 1 EL Korianderkörner und Kreuzkümmel, geröstet (siehe Seite 155) und grob zerstossen
je ½ TL geriebene Muskatnuss und Muskatblüte
5 frische grüne Chilis, entkernt und gehackt
1 grüne Paprikaschote, entkernt und gehackt, nach Belieben
2 TL Salz
½ TL Garnelenpaste (siehe Seite 31)
4 EL Wasser

1 Alle Zutaten für die Paste im Mixer zu einem glatten Püree verabeiten.
2 Das Öl in einer Pfanne auf mittlerer Flamme erhitzen. Die Paste einrühren und 4 Minuten pfannenrühren. Die Hühnerfleischwürfel zufügen und in der Sauce wenden.
3 Zugedeckt kleiner Flamme 4 Minuten schmoren und danach die Kokosmilch zugiessen. Unter mehrmaligem Rühren 30 Minuten garen.
4 Die Erbs-Auberginen oder Kartoffeln zufügen und in 10–15 Minuten unter Rühren weich garen. Mit Koriandergrün bestreuen und sofort servieren.

GAENG KEO WAN KAI

SATAY

Satay der verschiedensten Art sind in ganz Asien beliebt. Es ist das ideale Fast Food und dank verschiedener Marinaden und Saucen in einer unendlichen Geschmacksvielfalt erhältlich. Man kann Satay zu einem Hochzeitsfest ebenso wie zu einer Grillparty servieren. Die Spiesse können äusserst kunstvolle Stücke wie einfache Bambusstäbchen sein.

Satay Daging

Rindfleischspiess (Malaysia)
Diese saftigen, in Sojasauce marinierten Fleischwürfel werden stets mit der klassischen Erdnusssauce serviert.
(Rezept Seite 67)

Yakitori

Hühnerfleischspiess (Japan)
Traditionsgemäss soll jedes Fleischteil gesondert gebraten werden. Hier wurden nur Brust und Keule verwendet.
(Rezept Seite 67)

Yakitori-Sauce (Rezept Seite 67)

Erdnusssauce (Rezept Seite 130)

Chao Tom

Spiess von Garnelen und Garnelenbällchen (Vietnam)
Gewöhnlich besteht dieses Gericht aus einer um Zuckerrohrstücke gedrehten Garnelenfarce. Ich habe Garnelenbällchen und ganze Garnelen auf einen dekorativen Spiess gesteckt.
(Rezept Seite 66)

Zitronengraspinsel
Schneiden Sie das Ende eines frischen Zitronengrasstengels ab und klopfen Sie es faserig. So haben Sie ein ideales Utensil zum Bestreichen der Satayspiesse mit Marinade oder Sauce während des Grillens.

Pork Satay

Schweinefleischsatay (Singapur)
Dieses Satay besteht aus Schweinefleischstückchen mit dazwischengestecktem Speck, der nicht gegessen wird, sondern nur dazu dient, das Fleisch saftig zu machen.
(Rezept Seite 67)

Sate Pusut

Fischfarce auf Spiessen (Indonesien)
Wie üblich haben die Balinesen auch diesmal eine gute Idee aufgegriffen und nach ihrem Geschmack abgewandelt. Eine gut gewürzte Fischfarce wird um ein Stück Bambus oder Zitronengras gedreht.
(Rezept Seite 66)

Nuoc Cham
(Rezept Seite 128)

BAAK GING AP

Peking-Ente mit Pfannkuchen und Hoisin-Sauce (China)

Dieses Gericht ist gar nicht so schwierig zuzubereiten, wie mir mein Freund Simon Yung, Chefkoch im Oriental Restaurant des Dorchester Hotels in London, zeigte. Manchmal kann man jedoch eine bereits fertig vorbereitete Peking-Ente tiefgefroren in chinesischen Supermärkten kaufen, die dann nur noch gebraten und mit den unten aufgeführten Beilagen serviert wird.
Für 4 bis 6 Personen als Hauptgericht.

1 Ente von 1,5–2 kg, küchenfertig
3 EL flüssiger Honig
2 EL chinesischer roter Essig (siehe Seite 29)
3 EL Shaohsing-Wein (siehe Seite 29), nach Belieben
250 ml heisses Wasser
Salz
5 cm frischer Ingwer, geschält und gehackt
10 Frühlingszwiebeln, weisse und grüne Abschnitte getrennt

Salz

Shaohsing-Wein

Beilagen
1 Gurke, in dünne Stäbchen geschnitten
Hoisin-Sauce oder gelbe Bohnensauce
2–3 Pakete Mandarin-Pfannkuchen (siehe Seite 25)

Chinesischer roter Essig

Honig

1 Die Ente mit kochendem Wasser überbrühen (siehe Seite 152), dann auf eine Platte legen.
2 Den Honig mit Essig, Shaohsing-Wein und Wasser verquirlen. Damit die Ente übergiessen, wenden und auch die Unterseite überziehen.
3 Die Ente an einem Entenhaken befestigen (siehe Seite 152) und 12 bis 24 Stunden an einem kühlen luftigen Platz aufhängen, bis die Haut getrocknet ist.
4 Danach die Ente innen mit etwas Salz ausstreuen und den Ingwer sowie die grünen Abschnitte der Frühlingszwiebeln hineinlegen.
5 Die Ente mit der Brust nach oben auf ein Rost in einen Bräter legen und im 160 °C heissen Ofen 20–25 Minuten braten. Wenden und weitere 30 Minuten bräunen. Die Ente nochmals wenden. Die Temperatur auf 180 °C erhöhen. Die Ente weitere 15 Minuten braten. Danach auf ein Schneidbrett legen und 5 bis 10 Minuten ruhen lassen.
6 Die weissen Abschnitte der Frühlingszwiebeln in dünne Streifen schneiden und zusammen mit den Gurkenstreifen auf eine Servierplatte legen. Die Hoisin-Sauce in ein Schälchen giessen. Die Pfannkuchen in einem Dämpfer über kochendem Wasser 10 Minuten dämpfen. Danach einzeln falten und auf einen vorgewärmten Servierteller platzieren.

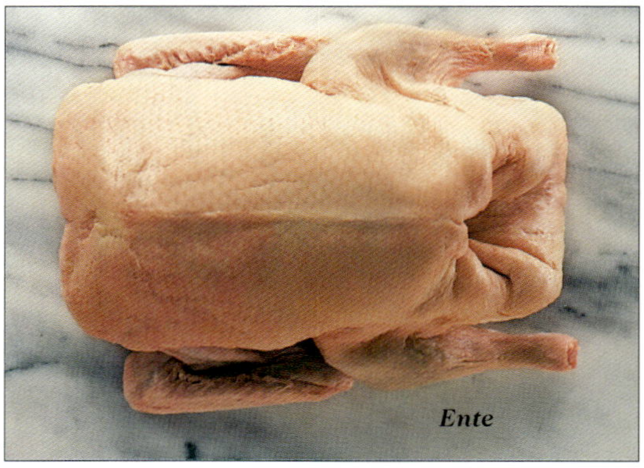

Ente

7 Die knusprige Entenhaut abziehen, in kleine Stücke schneiden und auf einen vorgewärmten Teller legen. Das Fleisch in ebenso grosse Stücke schneiden und daneben legen.
8 Bei Tisch breitet jeder einen Pfannkuchen auf seinem Teller aus, verteilt etwas Hoisin-Sauce darauf, legt einige Stückchen Haut und Fleisch sowie einige Zwiebel- und Gurkenstreifen darüber, rollt den Pfannkuchen auf und isst ihn aus der Hand.

Hoisin-Sauce
Gurke
Mandarin-
Pfannkuchen
Frühlingszwiebeln
Ingwer

ROGAN JOSH

Lamm in Chili-Joghurt-Sauce (Indien)

Dies ist eines der besten Schmorgerichte überhaupt. Man kann es mit Lamm-, Ziegen- oder Rindfleisch zubereiten. Traditionellerweise schneidet man vom Fleisch das Fett nicht weg, damit das Gericht schön saftig wird, und verwendet Ghee (Butterschmalz) zum Schmoren. Ich nehme dafür mageres Fleisch und Erdnussöl – Sie können jedoch Ghee verwenden, wenn Sie mögen. Ausreichend für 6 bis 8 Personen mit Basmatireis.

Lorbeerblätter

Kardamomkapseln

Zwiebeln

Erdnussöl

Salz

Cayennepfeffer

Mageres Lammfleisch

2 kg mageres Lammfleisch aus der Keule oder Schulter, in 2 cm grosse Würfel geschnitten
½ TL Chilipulver oder Cayennepfeffer
1 TL Salz
4 EL Speiseöl
500 g Zwiebeln, fein geschnitten
6 grüne Kardamomkapseln
8 EL Naturjoghurt oder 5 EL Joghurt mit 3 EL Tamarindenwasser verquirlt (siehe Seite 101)
1,25 l heisses Wasser
frisch gemahlener schwarzer Pfeffer
½ TL Garam-Masala (siehe Seite 156)

Für die Paste
4 Knoblauchzehen, gehackt
2,5 cm Ingwer, geschält und gehackt
3–6 grosse rote Chilis, entkernt und gehackt
6 schwarze Pfefferkörner, grob zerstossen
1 cm Zimtstange, grob zerdrückt
2 TL Korianderkörner, grob zerdrückt
2 TL Kreuzkümmel, grob zerdrückt
3 TL Paprika
3 Gewürznelken, grob zerdrückt
1 TL Salz
125 ml Wasser

1 Die Fleischwürfel in eine Schüssel legen, mit Cayennepfeffer und Salz einreiben und bereithalten. Für die Paste alle Zutaten im Mixer zu einer glatten Paste verarbeiten.
2 Das Öl in einem grossen Schmortopf erhitzen. Darin die Zwiebeln leicht anbräunen. Die Kardamomkapseln und die Lorbeerblätter einrühren.
3 Die Fleischwürfel zufügen und auf grosser Flamme 2 Minuten anbraten. Zugedeckt über reduzierter Hitze 3–4 Minuten schmoren.
4 Anschliessend die Hitze verstärken und die Paste einrühren. Zugedeckt weitere 5 Minuten schmoren. Danach den Joghurt und das heisse Wasser einrühren. Zugedeckt auf kleinster Flamme etwa 1 Stunde garen.
5 Danach die Sauce im offenen Topf einkochen lassen, bis sie dick und sämig ist. Den Curry abschmecken und Garam-Masala einstreuen. Vor dem Servieren Lorbeerblätter und Kardamomkapseln entfernen.

Naturjoghurt
Schwarzer Pfeffer
Garam-Masala
Knoblauch
Ingwer
Roter Chili
Schwarze Pfefferkörner
Zimt
Koriandersamen
Kümmelsamen
Paprika
Gewürznelken

BARA-SUSHI

Sushi-Reis mit Omelettestreifen (Japan)

Dieses Rezept ist einfach zuzubereiten und gilt in Japan als Alltagsgericht. Ich verwende dafür einen Pilzfond, für den ich die Pilzstiele 10 Minuten im Einweichwasser der Pilze auskoche.

750 ml Wasser
500 g japanischer Rundkornreis (siehe Seite 24), gründlich gespült und 30 Minuten abgetropft
250 ml Pilzfond (siehe oben) oder Fisch- oder Bonito-Fond (siehe Seite 30)
1 EL Mirin (siehe Seite 29)
1 EL helle Sojasauce
125 g gebratener Tofu (siehe Seite 24)
30 g getrocknete Garnelen (siehe Seite 31)
8 rohe Riesengarnelen, geschält, entdärmt (siehe Seite 82) und quer halbiert
60 g getrocknete Shiitake-Pilze, eingeweicht (siehe Seite 155), Stiele entfernt und Kappen in Streifen geschnitten
125 g frische Shiitake-Pilze, Stiele entfernt und Kappen in Streifen geschnitten
125 g kleine Champignons ohne Stiele
125 g Kaiserschoten, halbiert
2 TL Speiseöl
2 dünne Omeletten aus 1 Ei und 2 Eigelb, in dünne Streifen geschnitten

Für das Dressing
2 EL Zucker
90 ml Reisessig (siehe Seite 29)
1 TL Salz
2 EL heisses Wasser

1 Das Wasser in einem Topf zum Kochen bringen. Den Reis zufügen und im offenen Topf etwa 10 Minuten kochen, bis das Wasser aufgesogen ist. Einmal umrühren, danach den Deckel auflegen und auf kleinster Flamme 10–12 Minuten garen.
2 Den Topf vom Feuer nehmen und zugedeckt auf ein feuchtes Küchentuch stellen. Nach 5 Minuten den Reis in eine Glasschüssel schütten.
3 Die Zutaten für das Dressing verquirlen und nach und nach mit dem Reis vermischen. Gründlich, aber vorsichtig mischen, kühl stellen.
4 Die Brühe 2 Minuten erhitzen. Mirin und Sojasauce einrühren und aufkochen. Den gebratenen Tofu und die getrockneten Garnelen zufügen und 3 Minuten auf kleiner Flamme ziehen lassen. Danach die Flüssigkeit in eine Pfanne abgiessen, die Riesengarnelen einlegen und auf kleiner Flamme 1 Minute rühren.
5 Alle Pilze und die Kaiserschoten zufügen. Etwa 2 Minuten garen, bis die Flüssigkeit verkocht ist, dabei die Pfanne mehrmals schütteln. Danach das Öl einrühren und die Pfanne vom Feuer nehmen.
6 Den Reis auf eine Servierplatte schütten und mit dem Tofu und den getrockneten Garnelen sowie der Mischung aus Pilzen, Kaiserschoten und Riesengarnelen vermischen. Etwas davon als Garnitur zurückbehalten. Den Reis mit den Omelettestreifen und der restlichen Pilzmischung garnieren.

Kaiserschoten
Erd-
nussöl
Omelette-
streifen
Zucker
Champignons
Reis-
essig
Frische
Shiitake-Pilze
Salz
Getrocknete Shiitake-
Pilze

GADO-GADO

Salat aus gekochtem Gemüse mit Erdnusssauce (Indonesien)

Die Indonesier halten es für ihr Nationalgericht, doch seit kurzem erheben auch die Malaysier Anspruch darauf. Für mich ist es einfach ein klassisches vegetarisches Gericht aus Java, das ich seit meiner Kindheit kenne und hunderte Male gegessen habe. Für dieses Gericht werden die Gemüse nicht knackig, sondern weich gegart. In ein gutes Gado-Gado gehört allerdings auch etwas Knuspriges. Hier sind es die rohen Gurkenscheiben, die Röstzwiebeln und die Garnelen-Cracker. Für 4 bis 6 Personen.

125 g Weisskohl, in dünne Streifen geschnitten
250 g Spargelbohnen (siehe Seite 21) oder Prinzessbohnen in 1 cm lange Stücke geschnitten
125 g Karotten, in Blüten geschnitten (siehe Seite 154)
125 g Blumenkohl, in kleine Röschen gebrochen
125 g frische Bohnensprossen, gespült und geputzt
300 ml Erdnusssauce (Rezept Seite 130)
Salz, frisch gemahlener schwarzer Pfeffer

Für die Garnitur
Brunnenkresse
1–2 hartgekochte Eier, geviertelt
1 mittelgrosse Kartoffel, in der Schale gekocht, in dünne Scheiben geschnitten
½ Gurke, längs halbiert und in dünne Scheiben geschnitten
6–8 Garnelen-Cracker (siehe Seite 31), fritiert
1–2 EL geröstete Zwiebeln (Rezept Seite 132)

1 Für den Salat den Weisskohl, die Bohnen, die Karotten und den Blumenkohl getrennt je 4 bis 5 Minuten in leicht gesalzenem Wasser garen. In einem Sieb abtropfen lassen und warm halten. Die Bohnensprossen 2 Minuten blanchieren, abtropfen lassen und zusammen mit dem anderen Gemüse warm halten.
2 Die Erdnusssauce in einem kleinen Topf erhitzen. Etwas heisses Wasser zufügen, falls sie zu dick ist. Abschmecken und in eine kleine Schale giessen.
3 Die Brunnenkresse als Kranz auf eine grosse Servierplatte legen und das warme Gemüse in die Mitte häufen. Mit den hart gekochten Eiern, den Kartoffel- und Gurkenscheiben garnieren.
4 Die Garnelen-Cracker darüber bröseln und die Röstzwiebel darüber streuen. Warm mit der Sauce servieren oder kalt werden lassen und vor dem Servieren mit den Röstzwiebeln bestreuen.
5 Der Salat kann auch mit der Sauce überzogen werden. Dann wird die Garnitur getrennt dazu gereicht.

GADO-GADO

Eier
Kartoffelscheiben
Gurke
Garnelen-
Cracker
Brunnenkresse
Röstzwiebeln

DIE REZEPTE

Die 14 Länderküchen, die in diesem Buch behandelt werden, fallen in zwei unterschiedliche Gruppen. In Indien, Sri Lanka, Burma, Laos, Thailand, Malaysia, den Philippinen und Indonesien kocht man mit Gewürzen und Chilis, Joghurt oder Kokosnussmilch sowie salzigen Fischsaucen und Garnelenpasten. In China, Japan, Korea, Vietnam, Kambodscha und Singapur verwendet man dagegen viel weniger Chilis und würzt hauptsächlich mit Sojasauce und anderen fermentierten Sojabohnenprodukten.

SUPPEN

Einige der Suppen sind in ihren Ursprungsländern die inoffiziellen Nationalgerichte. Wahrscheinlich weil sie angenehm wärmen und sättigen und weil man dort seit der Kindheit an sie gewöhnt ist. Für die Leute im Westen haben die Suppen einen exotischen Reiz. Suppen sind ein wesentlicher Bestandteil fast aller asiatischer Mahlzeiten und oft ein eigenständiges Essen. Ob sie aus Fisch, Fleisch oder Gemüse bestehen, ihre Grundlage ist immer eine gute klare Brühe.

MOHINGA

Fischsuppe mit Reisnudeln (Burma)

Diese Suppe ist das burmesische Nationalgericht. Sie wird gewöhnlich mit fritierten Linsenküchlein serviert. Für 6 bis 8 Personen

Für den Fond

1 Glattbutt von 750 g, ausgenommen
1,25 l Wasser
3 frische oder getrocknete rote Chilis, halbiert
1/4 TL gemahlener Kurkuma
2 Stiele frisches Zitronengras
1 EL Fischsauce (Nam Pla, siehe Seite 28)

Für die Beilagen

1 Bananenblüte (siehe Seite 20), nach Belieben
1 250-g-Dose Bambussprossen, abgespült und abgetropft
500 g Reis-Vermicelli (siehe Seite 25) oder dünne Eiernudeln
2 EL geröstete Zwiebeln (Rezept Seite 132)
4 Enten- oder Hühnereier, hart gekocht und geviertelt, oder 12 hart gekochte Wachteleier
2–3 EL fein geschnittene Blattpetersilie
8 Scheiben Zitrone oder Limette
Chilisauce (siehe Seite 28)

Für die Suppeneinlage

2 EL Speiseöl
1 TL Sesamöl
3 Schalotten, fein geschnitten
3 Knoblauchzehen, fein zerschnitten
1 grosse rote Chili, entkernt und fein zerschnitten
1 TL fein gehackter Ingwer
5 cm frisches Zitronengras, nur das Innere, fein gehackt
900 ml Kokosmilch (siehe Seite 141)
500 g filetierter Seeteufel, in mundgerechte Stücke geschnitten
Salz, frisch gemahlener schwarzer Pfeffer

1 Für die Brühe alle Zutaten und zusätzlich die Seeteufelgräten in einen grossen Topf geben und zum Kochen bringen. Über reduzierter Hitze 5 Minuten kochen lassen. Danach den Glattbutt herausheben, auf einen Teller geben und abkühlen lassen.

2 Vom Butt die Haut abziehen und das Fleisch von den Gräten lösen. Haut und Gräten zurück in die Brühe geben und diese weitere 30 Minuten sieden lassen. Danach die Brühe durch ein feines Sieb in eine Schüssel seihen.

3 Für die Beilagen die beiden äusseren Reihen Blütenblätter der Bananenblüte (falls man sie verwendet) entfernen. Die Blüte 6 bis 8 Minuten in leicht gesalzenem kochendem Wasser blanchieren, abtropfen lassen, vierteln und in ziemlich dicke Scheiben schneiden.

4 Die Bambussprossen in leicht gesalzenem kochendem Wasser 3 Minuten blanchieren, abtropfen lassen und zusammen mit der Bananenblüte auf eine Seite einer grossen Servierplatte legen.

5 Die Reis-Vermicelli oder Eiernudeln in eine grosse Schüssel legen und mit kochendem Wasser bedecken. Zugedeckt 3 bis 4 Minuten ziehen lassen. Danach in einem Sieb abtropfen lassen und auf die Servierplatte geben. Die restlichen Beilagen dazulegen und das Schälchen mit der Chilisauce in die Mitte stellen.

6 Danach das Erdnussöl zusammen mit dem Sesamöl in einem grossen Topf erhitzen. Schalotten, Knoblauch, Chili, Ingwer und Zitronengras einstreuen und 2 Minuten pfannenrühren.

7 Die Kokosmilch einrühren und zum Kochen bringen. Das gegarte Glattbuttfleisch und die rohen Seeteufelstücke einlegen und 2 Minuten auf kleiner Flamme ziehen lassen. Die Fischbrühe zugiessen, abschmecken und in 2 bis 3 Minuten heiss werden lassen.

8 Etwas von den Nudeln und anderen Beilagen in Suppenschalen verteilen und mit der heissen Suppe aufgiessen. Sofort servieren.

SATSUMAJIRU

Miso-Suppe mit Gemüse (Japan)

Üblicherweise wird für diese Suppe ein Fischfond (Dashi) verwendet. Hier eine vegetarische Variante.

1 l kaltes Wasser
6 EL weisses Miso oder 4 EL rotes Miso (siehe Seite 30)
60 g Bambussprossen aus der Dose, in feine Streifen geschnitten (siehe Seite 154)
1 kleine Karotte, in dünne Streifen geschnitten (siehe Seite 154)
8 frische Shiitake-Pilze oder braune Champignons, nur die Kappen in dünne Scheiben geschnitten
4 grüne Spargelstangen oder 10 Kaiserschoten, diagonal in sehr dünne Streifen geschnitten
3 Frühlingszwiebeln, diagonal in sehr dünne Scheiben geschnitten
1 grosse Prise Sieben-Gewürz (siehe Seite 27) oder frisch gemahlener schwarzer Pfeffer, Salz

1 Das Wasser zum Kochen bringen. Etwa 125 ml kochendes Wasser abnehmen, mit dem weissen Miso in einem Schälchen verquirlen und zurück in den Topf giessen. Die Hitze reduzieren.
2 Die Bambussprossen in den Topf geben und 2 Minuten auf kleiner Flamme garen. Anschliessend die Karottenstreifen, die Pilze und den Spargel oder die Kaiserschoten einrühren und weitere 2 Minuten sieden lassen.
3 Die Suppe zum Kochen bringen und die Frühlingszwiebeln sowie das Sieben-Gewürz oder schwarzen Pfeffer zufügen. Mit Salz abschmecken und sofort servieren.

BUN BO HUE

Nudelsuppe mit Rindfleisch und Zitronengras (Vietnam)

Wie die meisten asiatischen Nudel- oder Reissuppen ist auch diese Suppe ein köstliches Eintopfgericht. Für 6 bis 8 Personen.

2 EL Speiseöl
1 EL Tomatenmark
1 TL Garnelenpaste (siehe Seite 31)
1 TL Chilisauce (siehe Seite 28), nach Belieben
2 Schalotten, in feine Streifen geschnitten
250 g breite Reisnudeln (siehe Seite 25)
2 EL Fischsauce (Nuoc Mam, siehe Seite 28)
Salz, frisch gemahlener schwarzer Pfeffer
2 EL fein geschnittenes Koriandergrün
2 EL fein geschnittene Frühlingszwiebeln
½ Gurke, geschält, längs halbiert, entkernt und in dünne Scheiben geschnitten
3 Batavia-Salatblätter, in Streifen geschnitten

Für die Brühe
500 g Rinderschulter, in Würfel geschnitten
2 grosse Schweinekoteletts ohne Fettrand
2 Stiele frisches Zitronengras, in je 3 Stücke geschnitten
1 TL Salz
1 EL Fischsauce (Nuoc Mam, siehe Seite 28)
2 l kaltes Wasser

1 Alle Zutaten für die Brühe in einen grossen Topf geben. Zum Kochen bringen und auf kleiner Flamme 1 bis 1½ Stunden kochen lassen, dabei wiederholt den Schaum abschöpfen. Danach das Fleisch herausheben und abkühlen lassen. Die Brühe durch ein Sieb giessen.
2 Das Fleisch in dünne Streifen schneiden. Die Kotelettknochen entfernen.
3 Das Öl mit dem Tomatenmark, der Garnelenpaste und nach Belieben mit der Chilisauce verrühren. In einen grossen Topf giessen und auf mittlerer Flamme 2 Minuten erhitzen. Die Schalotten einrühren. Danach eine Kelle Brühe zugiessen und 20 Minuten sieden lassen.
4 Die Reisnudeln in einen grossen Topf mit kochendem Wasser schütten. Vom Feuer nehmen und zugedeckt 3 bis 4 Minuten ziehen lassen. Auf ein Abtropfsieb schütten, unter fliessendem Wasser abkühlen und danach abtropfen lassen.
5 Vor dem Servieren die Fischsauce in die Brühe rühren. Abschmecken und wieder erhitzen. Die Nudeln in Suppenschalen verteilen und mit den Rind- und Schweinefleischstreifen, Koriandergrün und Frühlingszwiebeln bestreuen. Mit Brühe auffüllen. Darüber die Gurkenscheiben und Salatstreifen geben und sofort servieren.

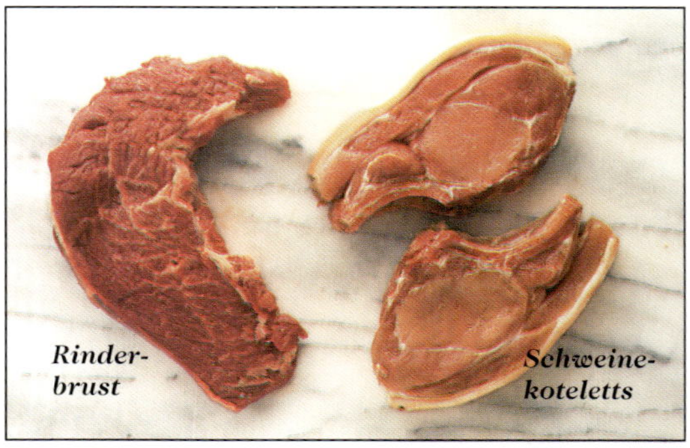

Salz
Schwarzer Pfeffer
Koriandergrün
Frühlingszwiebeln
Gurkenscheiben
Salat
Zitronengras

Daan Far Tong

DAAN FAR TONG

Eiertropfensuppe (China)

Dies ist eine klassische chinesische Suppe, die in ganz Südostasien beliebt ist. Ihre Güte hängt von der Qualität der Brühe und der Frische der Eier ab. Sollten Sie gehört haben, dass es schwierig ist, Eier in die Suppe einlaufen zu lassen, so verzagen Sie nicht. Hier ist eine ganz einfache Methode. Die Eier gerinnen in der kochenden Flüssigkeit von selbst.

1,25 l kräftige klare Fleisch- oder Gemüsebrühe
1 EL Sojasauce
Salz, frisch gemahlener schwarzer Pfeffer
4 kleine Eier
2 Frühlingszwiebeln, in dünne Scheiben geschnitten
4 Tropfen Sesamöl, nach Belieben

1 Die Brühe in einem Topf erhitzen. Kräftig mit Sojasauce, Salz und Pfeffer abschmecken und 5 Minuten auf kleiner Flamme ziehen lassen.
2 Vor dem Servieren in 4 Suppenschalen je ein Ei aufschlagen und mit einer Gabel oder mit Essstäbchen verquirlen. Die Brühe zum Kochen bringen und in die Schalen giessen.
3 Die Frühlingszwiebeln in die Schalen verteilen. Jetzt haben sich bereits die «Eiertropfen» auf der Oberfläche abgesetzt. Nach Belieben die Suppe mit je einem Tropfen Sesamöl beträufeln. Falls die Schalen Deckel haben, diese auflegen und die Suppe vor dem Servieren noch 1 bis 2 Minuten stehen lassen.

RASAM

Vegetarische Suppe (Indien)

In Südindien gibt man am Ende der Kochzeit gegarten Reis in die Suppe. Man kann aber auch den Reis getrennt dazu servieren. Für 4 bis 6 Personen.

250 g Karotten, in dünne Scheiben geschnitten
250 g Mooli (siehe Seite 20), geschält und in dünne Scheiben geschnitten
125 g Wasserspinat (siehe Seite 21) oder Brunnenkresse
Salz, frisch gemahlener schwarzer Pfeffer
125 g gekochter Langkornreis (siehe Seite 156)

Für die Brühe
2,5 l Wasser
30 g Tamarindenmark (siehe Seite 30)
90 g rote Linsen, gespült und abgetropft
1 grosse Tomate, geviertelt
1–2 grosse grüne Chilis, gehackt
¼ TL Asafoetida (siehe Seite 30), nach Belieben
1 TL Salz

1 Für die Brühe alle Zutaten in einen grossen Topf geben. Zum Kochen bringen und etwa 1 Stunde auf kleiner Flamme kochen lassen. Vom Feuer nehmen und etwas abkühlen lassen. Danach die Brühe durch ein Sieb in einen anderen Topf seihen und die festen Bestandteile entfernen.
2 Die Brühe wieder zum Kochen bringen. Das Gemüse einstreuen, die Suppe abschmecken und 5 Minuten auf kleiner Flamme kochen lassen. Den Reis zufügen und noch 2 Minuten ziehen lassen.

LAKSA LEMAK

Scharfe Nudelsuppe mit Kokosmilch (Malaysia)

Statt der originalen Reisnudeln verwendet man in Europa und Amerika oft chinesische Eiernudeln. Für 8 Personen als Suppe oder für 8 Personen als Eintopfgericht. Abbildung auf Seite 72.

1 Huhn von 1,5–1,75 kg, geviertelt
1,25 l Wasser
500 g rohe Riesengarnelen, geschält und entdärmt (siehe Seite 82), Schalen abspülen
1 TL Salz
175–250 g Reis-Vermicelli oder breite Reisnudeln (siehe Seite 25)
600 ml sehr dicke Kokosmilch (siehe Seite 141)
frisch gemahlener schwarzer Pfeffer

Für die Paste

2–4 grosse rote Chilis, entkernt und gehackt
3 Candle Nuts (siehe Seite 22) oder 5 geschälte Mandeln, gehackt
1 cm frischer Ingwer, geschält und gehackt
1 cm frischer Galgant (siehe Seite 27), geschält und gehackt
3 Schalotten, gewürfelt
2 Knoblauchzehen, gehackt
1 EL Korianderkörner, grob zerstossen
2 EL Tamarindenwasser (siehe Seite 101)
2 EL Speiseöl

Für die Garnitur

125 g Bohnensprossen, abgespült und geputzt
3 EL diagonal zerschnittene Frühlingszwiebeln
125–175 g gebratener Tofu (siehe Seite 24)
Röstzwiebeln (Rezept Seite 132)
1 rote Chili, entkernt und fein gewürfelt

1 Für die Paste alle Zutaten im Mixer pürieren. Das Huhn mit dem Wasser in einen Topf geben, zum Kochen bringen und 20 Minuten auf kleiner Flamme kochen lassen. Die geschälten Garnelen mit der Hälfte des Salzes bestreuen und zugedeckt in den Kühlschrank stellen.
2 Das Huhn aus dem Topf heben und abkühlen lassen. Das Fleisch auslösen. Knochen und Haut zurück in die Brühe geben. Nochmals 20 Minuten auf kleiner Flamme kochen lassen und das restliche Salz zufügen. Das ausgelöste Fleisch mundgerecht schneiden und in den Kühlschrank stellen.
3 Die Garnelenschalen in die Brühe streuen und darin 10 Minuten auskochen. Die Pastenmischung in einem grossen Topf unter ständigem Rühren 4 Minuten erhitzen. Die Brühe durch ein Sieb hineingiessen und 10 Minuten auf kleiner Flamme kochen.
4 Die Nudeln in reichlich kochendem Wasser zugedeckt 3 bis 4 Minuten ziehen lassen. Eiernudeln in kochendem Wasser 3 Minuten garen.
5 Die Nudeln abgiessen, abtropfen lassen, kalt abspülen und wieder abtropfen lassen.
6 Die Brühe aufkochen. Die Kokosmilch einrühren und 8 Minuten sieden lassen. Das Hühnerfleisch zufügen, 3 Minuten kochen lassen, die Garnelen einstreuen und weitere 3 Minuten auf kleiner Flamme kochen lassen. Abschmecken.
7 Die Nudeln und die ersten drei Garnituren in Suppenschalen verteilen und mit der Suppe auffüllen. Nach Belieben mit Röstzwiebeln und Chiliwürfeln bestreuen und servieren.

KAI TOM KA

Hühnersuppe mit Galgant (Thailand)

Eine milde Suppe mit Kokosmilch. Für 4 bis 6 Personen.

250 g kleine Champignons, halbiert oder ganz
3 EL Limettensaft
1 EL Fischsauce (Nam Pla, siehe Seite 28)
1 TL Chiliöl, nach Belieben
Salz, frisch gemahlener schwarzer Pfeffer
125 ml sehr dicke Kokosmilch (siehe Seite 141)
1 Handvoll Thai-Basilikum (siehe Seite 26)

Für die Brühe

2–3 grosse Hühnerbrüste mit Knochen
2 l kaltes Wasser
2 Stiele Zitronengras, in je 3 Stücke geschnitten
5 cm frischer Galgant (siehe Seite 27), halbiert
3 Kaffirlimettenblätter (siehe Seite 26)
1 mittelgrosse Zwiebel, halbiert
1–2 grosse rote Chilischoten, halbiert
1 TL Salz

1 Alle Zutaten für die Brühe in einem grossen Topf zum Kochen bringen. Auf kleiner Flamme 15 Minuten kochen lassen und dabei abschäumen.
2 Das Hühnerfleisch herausheben und abkühlen lassen. Das Fleisch auslösen. Haut und Knochen zurück in die Brühe geben und weitere 35 bis 40 Minuten auf kleiner Flamme kochen lassen. Das Fleisch in kleine mundgerechte Stücke schneiden.
3 Die Brühe durch ein feines Sieb in einen anderen Topf seihen. Knochen und Haut entfernen. Pilze, Limettensaft, Fischsauce und Chiliöl zufügen. Etwa 3 Minuten auf kleiner Flamme kochen lassen. Die Hühnerstücke einlegen.
4 Die Suppe abschmecken, danach die Kokosmilch einrühren. Unter mehrmaligem Rühren 3 Minuten auf kleiner Flamme ziehen lassen. Das Basilikum einstreuen und sofort servieren.

SNACKS UND APPETITHAPPEN

In ganz Asien gibt es fast keinen Unterschied zwischen Snacks, Appetithappen, Vorspeisen und richtigen Mahlzeiten. Die Asiaten haben die Kunst des kleinen Imbisses entwickelt und üben sie auf jedem kulinarischen Niveau aus – vom einfachen Snack bis zur raffinierten Delikatesse. So sind zum Beispiel Frühlingsrollen und Dim Sum einige der exquisitesten Happen, die je erfunden wurden.

PATTIES

Teigtäschchen (Sri Lanka)

Die Patties lassen sich gut einfrieren. Die angegebenen Zutaten ergeben 25 bis 30 Stück. Abbildung auf Seite 35.

Etwa 450 ml Erdnussöl zum Fritieren

Für den Teig

375 g ungezuckerter Mürbeteig oder
375 g Mehl
1 grosse Prise Salz
1 verquirltes Eigelb
4 EL zerlassene Butter
6 EL dicke Kokosmilch (siehe Seite 141)

Für die Füllung

125–175 g Hühnerfilet
125 g Lammfilet
125 g Schweinefilet
½ TL Salz
1 EL Speiseöl
1 mittelgrosse rote Zwiebel, fein gewürfelt
4 Scheiben Frühstücksspeck, fein gewürfelt
1 TL gemahlener Koriander
½ TL gemahlener Kreuzkümmel
½ TL gemahlener Kurkuma
¼ TL Cayennepfeffer
je 1 Prise gemahlene Gewürznelken und Zimt
1 grüne Kardamomkapsel, nur die Samen
3 cm frisches Zitronengras, zerstossen
3 frische oder getrocknete Curryblätter (siehe Seite 26), nach Belieben
125 ml dicke Kokosmilch (siehe Seite 141)
frisch gemahlener schwarzer Pfeffer
3 hart gekochte Eier, grob gehackt

1 Für den Teig Mehl, Salz, Ei, Butter und Kokosmilch in der Küchenmaschine zu einem weichen Teig verarbeiten. Den Teig in Frischhaltefolie wickeln und 30 Minuten kühl stellen.

2 Für die Füllung das Hühner-, Lamm- und Schweinefleisch in einen Topf legen. Mit Wasser bedecken, Salz zufügen, aufkochen und 30 Minuten auf kleiner Flamme sieden. Danach das Fleisch herausheben und abkühlen lassen. (Die Brühe für ein anderes Gericht verwenden.)

3 Wenn das Fleisch abgekühlt ist, wird es durch die feine Scheibe des Fleischwolfs getrieben oder von Hand mit einem schweren Messer sehr fein gehackt und danach kühl gestellt.

4 Das Öl im Wok erhitzen. Die Zwiebel darin unter ständigem Rühren 2 Minuten dünsten. Den Speck zufügen und 1 Minute rühren. Danach das Fleisch, alle gemahlenen Gewürze, die Kardamomsamen, das Zitronengras und die Curryblätter zufügen. Unter Rühren 1 Minute andünsten.

5 Die Kokosmilch zugiessen und 10 Minuten kochen lassen, bis die Milch eingekocht ist. Die Farce abschmecken und in eine Schüssel zum Abkühlen schütten. Das Zitronengras und die Curryblätter entfernen und die Eier einrühren.

6 Den Teig sehr dünn ausrollen und mit einem runden Ausstecher von 8 cm Durchmesser 20 Teigplatten ausstechen. Die Teigabschnitte nochmals ausrollen und daraus weitere 5 bis 10 Teigplatten ausstechen.

7 Zum Füllen je eine Teigplatte nehmen und in die Mitte einen gehäuften Teelöffel Farce setzen. Die Teigplatte so über die Füllung klappen, dass sich ein halbmondförmiges Teigtäschchen ergibt. Die Ränder erst mit den Fingern, dann mit einer nassen Gabel zusammendrücken.

8 Das Erdnussöl in einer Friteuse oder in einem Wok auf 180 °C erhitzen. Jeweils 4 bis 5 Patties ins heisse Öl gleiten lassen und 4 bis 5 Minuten fritieren. Dabei die Patties mit einem Schaumlöffel hin- und herbewegen, bis sie goldbraun sind.

9 Die Patties herausheben und auf Küchenpapier entfetten. Die restlichen Patties portionsweise ausbacken. Sie können heiss, warm oder kalt serviert werden.

KUNG THORD

Fritierte Garnelen (Thailand)

Servieren Sie die Garnelen als Appetithappen oder zu Drinks.

16 rohe Riesengarnelen, geschält und entdärmt (siehe Seite 82)
etwa 450 ml Erdnussöl zum Fritieren

Für die Marinade
60 g Creamed Coconut, gehackt
175 ml heisses Wasser
2,5 cm frischer Galgant (siehe Seite 27), geschält und gehackt
5 cm Zitronengras, nur das Innere, fein gehackt
4 frische Korianderwurzeln oder Stiele, gehackt
2 Schalotten, gewürfelt
3 Knoblauchzehen, fein gehackt
2–4 kleine getrocknete Chilis, fein gehackt
1 EL Limettensaft
1 TL Salz oder 1 EL Fischsauce (siehe Seite 28)
2 TL Reisstärke (siehe Seite 31) oder Mehl

1 Bis auf die Reisstärke oder das Mehl alle Zutaten für die Marinade im Mixer so glatt wie möglich pürieren. Das Püree in eine Glasschüssel schütten und abkühlen lassen. Danach die Reisstärke oder das Mehl einrühren.

2 Die Riesengarnelen in der Marinade wenden, bis sie ganz davon überzogen sind. Zugedeckt in den Kühlschrank geben und 1 bis 2 Stunden marinieren.

3 Das Öl in einer Friteuse oder im Wok auf 180 °C erhitzen. Inzwischen die Garnelen in einem Abtropfsieb abtropfen lassen. Die Hälfte der Garnelen ins heisse Öl geben und 2 bis 3 Minuten fritieren.

4 Die Garnelen mit einem Sieblöffel herausheben und auf Küchenpapier entfetten. In einem heissen Ofen warm halten, während die restlichen Garnelen fritiert werden. Danach sofort servieren.

SHUEN GUEN

Frühlingsrollen (China)

Seit Jahrhunderten sind Frühlingsrollen ein beliebter chinesischer Snack. Heute hat fast jedes asiatische Land eine eigene Version. Dieses Rezept verwendet eine vegetarische Füllung. Für 20 Frühlingsrollen. Abbildung auf Seite 34.

20 mittelgrosse Frühlingsrollen-Teighüllen (siehe Seite 25)
1 verquirltes Eiweiss
etwa 450 ml Speiseöl zum Fritieren

Für die Füllung
3 EL Speiseöl
500 g Karotten, in dünne Streifen geschnitten
125 g Weisskohl, in feine Streifen geschnitten
200 g Bambussprossen aus der Dose, in dünne Stäbchen geschnitten
375 g Kaiserschoten oder Prinzessbohnen, quer in dünne Scheiben geschnitten
8–10 getrocknete Shiitake-Pilze, eingeweicht (siehe Seite 155), Stiele entfernt, Kappen in dünne Streifen geschnitten
250 g kleine Champignons, in dünne Scheiben geschnitten
2 TL fein gehackter frischer Ingwer
3 EL helle Sojasauce
175 g Glasnudeln (siehe Seite 25), 5 Minuten in heissem Wasser eingeweicht, abgetropft und mit der Schere in kurze Stücke geschnitten
6–8 Frühlingszwiebeln, in dünne Scheiben geschnitten
Salz, frisch gemahlener schwarzer Pfeffer

1 Für die Füllung das Öl im Wok erhitzen. Karotten, Kohl und Bambussprossen einstreuen und 2 Minuten pfannenrühren. Dann die Kaiserschoten oder Bohnen, die Pilze, den Ingwer und die Sojasauce zufügen und 3 Minuten pfannenrühren.

2 Anschliessend die Nudeln und Frühlingszwiebeln zugeben und schnell 2 Minuten rühren, bis die Flüssigkeit verkocht, aber das Gemüse noch saftig ist. Abschmecken, aus dem Wok nehmen und abkühlen lassen.

3 Eine Teighülle flach auf die Arbeitsfläche legen und 2 Esslöffel Füllung als flachen Strang auf den Teigrand legen, der einem zugewendet ist. Den Strang in die Hülle zur Mitte hin einrollen, dabei die Hülle an den Seiten einschlagen.

4 Den hinteren Rand mit verquirltem Eiweiss bestreichen. Die Rolle zu einem gut verschlossenen Päckchen rollen. Genauso mit den übrigen Hüllen und dem Rest der Füllung verfahren.

5 Das Öl in der Friteuse oder im Wok auf 180 °C erhitzen. Jeweils 4 Frühlingsrollen hineingeben. Die Hitze leicht herunterschalten. Die Frühlingsrollen 6 bis 8 Minuten fritieren, dabei mehrmals wenden. Mit einem Sieblöffel herausheben und auf Küchenpapier entfetten.

6 Im Ofen warm halten, während der Rest fritiert wird. Danach alle zusammen servieren. Oder die fritierten Rollen abkühlen lassen und vor dem Servieren nochmals kurz in heissem Öl fritieren.

7 Fertige Frühlingsrollen können bis zu 4 Wochen tiefgefroren werden. Vor dem Servieren das Öl auf 150 °C erhitzen und die gefrorenen Rollen 6 bis 8 Minuten fritieren, bis die Füllung heiss und die Hülle knusprig ist. Wenn das Öl zu heiss ist, wirft die Hülle Blasen, bevor die Füllung warm ist.

PERGEDEL JAGUNG

Maisplätzchen (Indonesien)

Die Maisplätzchen können 2 Tage im Kühlschrank aufbewahrt oder bis zu 4 Wochen tiefgefroren werden. Nach dem Auftauen in einer Pfanne 1 bis 2 Minuten wieder erwärmen. Für 20 bis 25 Stück. Abbildung auf Seite 34.

4 frische Maiskolben oder 475 g Maiskörner aus der Dose
4 EL Erdnussöl
5 Schalotten, in feine Streifen geschnitten
2 EL fein geschnittene Frühlingszwiebeln
1 EL gemahlener Koriander
½ TL Cayennepfeffer
1 TL Backpulver
3 EL Reismehl (siehe Seite 31) oder Mehl
1 TL Salz
1 grosses Ei, verquirlt
etwa 150 ml Speiseöl zum Ausbacken

1 Von frischen Maiskolben die Körner mit einem scharfen Messer abstreifen. Frische Körner ebenso wie Körner aus der Dose im Mörser zerstossen.

2 Die Hälfte des Erdnussöls in einer Pfanne erhitzen und darin die Schalotten in 4 Minuten unter ständigem Rühren glasig dünsten. Herausnehmen und abkühlen lassen.

3 Den Mais in einer Schüssel mit den Schalotten und den anderen Zutaten vermischen. Die Masse abschmecken und, falls nötig, nachsalzen.

4 Etwa 5 Esslöffel Speiseöl in einer Pfanne erhitzen. Einen Esslöffel der Masse ins heisse Öl geben, mit einer Gabel flach drücken und von jeder Seite etwa 3 Minuten braten. Fünf bis sechs Plätzchen zugleich ausbacken.

5 Fortfahren, bis die Masse aufgebraucht ist. Nach 2 bis 3 Portionen etwas Öl in die Pfanne nachgiessen. Die Plätzchen können heiss oder kalt gegessen werden.

SAMOSA

Teigtaschen mit Gemüsefüllung (Indien)

Diesen klassischen indischen Snack kennt man jetzt fast überall. Samosa ist ganz einfach zuzubereiten, besonders wenn wie im folgenden Rezept fertige Frühlingsrollen-Teighüllen verwendet werden. Die Füllung kann aus Fleisch – entweder Lamm oder Rind –, aber auch aus Gemüse bestehen. Für etwa 30 Samosa.

10 grosse Frühlingsrollen-Teighüllen (siehe Seite 25)
1 verquirltes Ei
etwa 450 ml Speiseöl zum Fritieren
Für die Füllung
2 EL Ghee (siehe Seite 29) oder Speiseöl
6 Schalotten oder 1 grosse Zwiebel, fein gewürfelt
2 Knoblauchzehen, fein gehackt, nach Belieben
1 cm frischer Ingwer, geschält und gehackt
1 EL gemahlener Koriander
1 TL gemahlener Kreuzkümmel
½ TL gemahlener Kurkuma
¼ TL Cayennepfeffer oder frisch gemahlener schwarzer Pfeffer
1 Prise geriebene Muskatnuss
1 Prise gemahlene Gewürznelken
4 mittelgrosse Kartoffeln, geschält und gewürfelt
8 mittelgrosse Karotten, gewürfelt
60–90 ml Wasser
1 TL Salz
frisch gemahlener schwarzer Pfeffer
3 EL gehackte Frühlingszwiebeln
2 EL fein geschnittene frische Minze

1 Jede Teighülle mit der Schere in 3 gleich grosse Streifen schneiden. Die Streifen aufeinanderschichten, in eine feuchtes Küchentuch wickeln, damit sie nicht austrocknen, und kühl stellen.
2 Für die Füllung Ghee oder Speiseöl im Wok oder einer Pfanne erhitzen. Die Schalotten oder Zwiebel, den Knoblauch und Ingwer hineinstreuen und 2 Minuten pfannenrühren. Alle gemahlenen Gewürze einrühren. Anschliessend die Karotten und Kartoffeln zufügen und unter Rühren 2 Minuten dünsten.
3 Wasser und Salz zufügen, den Deckel auflegen und das Gemüse 8 bis 10 Minuten unter gelegentlichem Rühren garen. Abschmecken, die Frühlingszwiebeln und die Minze einstreuen und 1 Minute pfannenrühren. Die Füllung muss saftig bleiben. In eine Schüssel schütten und abkühlen lassen.
4 Jeweils einen Teighüllen-Streifen falten und mit je einem Dessertlöffel Füllung füllen (siehe die Abbildung der einzelnen Schritte unten). Dabei unbedingt die Ränder fest versiegeln, damit beim Fritieren kein Öl in die Füllung dringt.
5 Wenn alle Samosa gefüllt sind, das Öl in einer Friteuse oder im Wok auf 180 °C erhitzen. Jeweils 3 bis 4 Samosa hineinlegen und 5 bis 6 Minuten fritieren. Dabei die Samosa mit einem Sieblöffel hin und her bewegen, bis sie goldbraun sind.
6 Die Samosa mit einem Sieblöffel herausheben. Auf Küchenpapier entfetten und im heissen Ofen warm halten, bis alle fritiert sind. Heiss oder lauwarm servieren.

FALTEN UND FÜLLEN DER SAMOSA

1 Jeweils einen Teigstreifen nehmen und die restlichen in ein feuchtes Küchentuch einwickeln. Eine Ecke des Streifens im Winkel von 30° umschlagen und mit etwas verquirltem Ei bestreichen.

2 Die gefaltete Ecke so umschlagen, dass sie mit dem bestrichenen Rand genau auf dem Längsrand des Streifens liegt. Den mit verquirltem Ei bestrichenen Rand fest andrücken, so dass eine Tasche entsteht.

3 Einen Dessertlöffel Füllung in die Tasche geben. Die Teighülle auf die Arbeitsfläche legen und den restlichen Teigstreifen über die gefüllte Tasche schlagen. Den Rand mit Ei bestreichen und fest andrücken.

SATE PUSUT

Fischsatay (Indonesien)

Für diese Satay benötigt man keine Sauce, da sie genügend pikant sind.
Für 16 Spiesse. Abbildung auf Seite 45.

Salz, frisch gemahlener Pfeffer
750 g Kabeljau- oder Seeteufelfilet
3 EL fein geschnittene Frühlingszwiebeln oder Schnittlauch
1 verquirltes Eiweiss
Für die Marinade
4 Schalotten, gewürfelt
2 Knoblauchzehen, gewürfelt
2 Candle Nuts (siehe Seite 22) oder 4 geschälte Mandeln, grob gehackt
2 Gewürznelken
1 cm Zimtstange
1/4 TL geriebene Muskatnuss
1 TL Garnelenpaste (siehe Seite 31)
1 TL Zucker
1/4 TL gemahlener Kurkuma
5 cm frisches Zitronengras ohne Aussenblätter, fein gehackt
1 frisches Kaffirlimettenblatt (siehe Seite 26), fein zerschnitten
2 EL Wasser
2 EL Zitronen- oder Limettensaft
2 EL Speiseöl

1 Alle Zutaten für die Marinade im Mixer so glatt wie möglich pürieren. Das Püree in einen Topf geben und auf kleiner Flamme unter ständigem Rühren 4 bis 5 Minuten kochen lassen. Vom Feuer nehmen und abkühlen lassen.
2 Das Kablejau- oder oder das Seeteufelfilet mit einem schweren Messer fein hacken. In eine Glasschüssel geben und mit den Zwiebeln oder dem Schnittlauch, dem Eiweiss und der kalten Marinade gründlich vermischen. Die Farce mindestens 2 Stunden oder, wenn möglich, über Nacht im Kühlschrank marinieren.
3 Danach aus der Fischfarce 16 walnussgrosse Bällchen formen. Je ein Bällchen in die Handfläche legen und durch die Mitte 2 Bambusspiesse oder 1 Zitronengrasstengel stossen. Die Fischfarce wurstförmig um den Spiess pressen und 16 Satay formen.
4 Die Satay von jeder Seite 2 Minute unter einem vorgeheizten Grill oder über Holzkohle grillen. Sofort servieren.

CHAO TOM

Spiesse von Garnelen und Garnelenbällchen (Vietnam)

Traditionsgemäss wird die Garnelenfarce auf einen Spiess aus Zuckerrohr gesteckt. Dies ist meine abgeänderte Version. Servieren Sie dazu Nuoc Cham oder Erdnusssauce (Rezepte auf Seite 128 und 130).
Für 8 Spiesse. Abbildung auf Seite 45.

32 rohe mittelgrosse Garnelen mit Schwanzflossen, geschält und entdärmt (siehe Seite 82)
Salz, frisch gemahlener schwarzer Pfeffer
2 EL Sesamsaat
2 EL weisse Brotkrumen
je 1/2 TL Chiliöl und Sesamöl
1 EL Erdnussöl
Für die Garnelenfarce
500 g rohe Garnelen, geschält und entdärmt
1 Eiweiss
1/2 TL Salz
1/2 TL Zucker
1/4 TL gemahlener schwarzer Pfeffer
60 g Schweinespeck, gewürfelt, nach Belieben
2 TL Reisstärke (siehe Seite 31) oder Kartoffelmehl
2 Knoblauchzehen, fein gehackt
1 TL fein gehackter frischer Ingwer
1 TL Fischsauce (Nuoc Mam, siehe Seite 28)

1 Die mittelgrossen Garnelen mit Salz und Pfeffer einreiben und bereit halten.
2 Für die Farce die rohen Garnelen, das Eiweiss, Salz, Zucker und Pfeffer im Mixere zu einer glatten Masse verarbeiten. Die restlichen Zutaten zufügen und gründlich untermischen. Die Farce in eine Schüssel geben und zugedeckt 1 Stunde in den Kühlschrank stellen.
3 Die Sesamsaat mit den Brotkrumen auf einem flachen Teller vermischen. Aus der Garnelenfarce 24 Bällchen formen und jeden Ball in der Sesampanade wälzen
4 Je 4 ganze Garnelen und 3 Garnelenbällchen auf 1 Spiess stecken. Die Spiesse auf ein mit Öl bestrichenes Blech setzen und in einem auf 200 °C vorgeheizten Ofen 10 Minuten garen.
5 Das Chiliöl mit dem Sesamöl verrühren. Die Spiesse in eine Grillpfanne legen und unter einem heissen Grill von jeder Seite 2 Minute grillen. Beim Wenden mit der Ölmischung bestreichen. Sofort servieren.

SATAY DAGING

Rindfleischspiesse (Malaysia)

Servieren Sie zu Satay Daging Erdusssauce oder Nuoc Cham (Rezepte Seite 130 und 128). Für 18 Spiesse. Abbildung auf Seite 44.

1 kg Rumpsteak, in 2,5 cm grosse Würfel geschnitten

Für die Marinade

3 Schalotten, in feine Streifen geschnitten
2 Knoblauchzehen, zerdrückt
5 cm frischer Ingwer, geschält und fein gehackt
1 EL Korianderkörner, geröstet (siehe Seite 155) und grob zerstossen
1 TL gemahlener Kreuzkümmel
½ TL Cayennepfeffer
½ TL grob gemahlener schwarzer Pfeffer
2 EL helle Sojasauce
1 EL Erdnussöl
1 EL weisser Branntweinessig oder Zitronensaft
½ TL Salz
1 TL Palmzucker (siehe Seite 30) oder brauner Rohrzucker

1 Alle Zutaten für die Marinade in einer Glasschüssel vermischen. Die Fleischwürfel zufügen und in der Marinade wenden. Zugedeckt in den Kühlschrank geben und mindestens 2 Stunden, falls möglich über Nacht marinieren.

2 Je 3 bis 4 Fleischwürfel auf 18 Spiesse stecken und 8 Minuten unter einem vorgeheizten Grill oder über Holzkohle grillen, dabei mehrmals wenden. Sofort servieren.

SCHWEINEFLEISCH-SATAY

Schweinefleischspiesse (Singapur)

Der Schweinespeck macht das Fleisch besonders saftig. Servieren Sie dazu Erdnusssauce (Rezept auf Seite 130, Abbildung auf Seite 45).

1 kg Schweinefilet, in 1 cm lange und 2,5 cm breite Stücke geschnitten
125 g Schweinespeck, in 1 cm lange und 2,5 cm breite Stücke geschnitten

Für die Marinade

4 Knoblauchzehen, zerdrückt
1 TL gemahlener schwarzer Pfeffer
1 TL gemahlener Szechuan-Pfeffer
2 TL Fünf-Gewürz-Pulver (siehe Seite 27)
je 2 TL helle Sojasauce und flüssiger Honig
¼ TL Salz

1 Für die Marinade alle Zutaten in einer Glasschüssel vermischen. Die Fleischwürfel zufügen und in der Marinade wenden. Zugedeckt über Nacht in den Kühlschrank stellen.

2 Je etwa 5 Fleischwürfel und 1 bis 2 Fettwürfel auf 18 Bambusspiesse stecken. Dabei das Fett zwischen das Fleisch geben und die Würfel dicht zusammenschieben.

3 Die Satay auf einen Rost über eine Grillpfanne setzen. Im auf 180 °C vorgeheizten Ofen 30 Minuten garen. Danach wenden und weitere 20 Minuten garen. Falls nötig noch 3 bis 4 Minuten unter einem heissen Grill bräunen und sofort servieren.

YAKITORI

Hühnerfleischspiesse (Japan)

Die Glasur für das Fleisch wird auch als Dip-Sauce verwendet. Für 8 Spiesse. Abbildung auf Seite 44.

2 Hühnerbrüste und 4 Hühnerkeulen, entbeint, gehäutet und in 2 cm grosse Würfel geschnitten
4 Frühlingszwiebeln, nur die weissen Abschnitte in 2 cm grosse Stücke geschnitten
Für die Glasur und Sauce
4 EL dunkle Sojasauce
2 EL Mirin (siehe Seite 29)
2 EL Sake (siehe Seite 29)
1 EL Zucker
1 EL Tamari-Sojasauce (siehe Seite 28)
¼ TL Salz
400 ml Wasser

1 Für die Glasur die Hälfte der dunklen Sojasauce mit jeweils der Hälfte Mirin, Sake, Zucker, Tamari-Sojasauce und Salz in einer Glasschüssel vermischen. Anschliessend 120 ml Wasser einrühren.

2 Je 3 bis 4 Fleischwürfel und 2 Abschnitte Frühlingszwiebeln auf 8 kurze Bambus- oder Holzspiesse stecken.

3 Für die Sauce die restliche dunkle Sojasauce, Mirin, Sake, Zucker, Tamari-Sojasauce, Salz und Wasser in einem kleinen Topf verrühren. Auf kleiner Flamme 10 Minuten kochen lassen. Danach die Sauce vom Feuer nehmen und in ein Servierschälchen giessen.

4 Die Glasur auf einen flachen Teller giessen und darin die Hühnerfleischspiesse wenden. Die Yakitori unter einem vorgeheizten Grill oder über Holzkohle 5 bis 6 Minuten grillen, dabei mehrmals wenden. Sofort mit der Sauce servieren.

TEMPURA

Meeresfrüchte und Gemüse
im Ausbackteig (Japan)

1 kleine Aubergine, quer halbiert und jede Hälfte längs in 8 Stücke geschnitten
1 mittelgrosse rote Zwiebel, in 8 Ringe geschnitten
1 rote oder gelbe Paprikaschote, entkernt und in 10 Stücke geschnitten
8 rohe mittelgrosse Garnelen, geschält und entdärmt (siehe Seite 82)
2 mittelgrosse Kalmare, geputzt und in je 8 Ringe geschnitten (siehe Seite 150)
125 g Seezungenfilet, in 8 Stücke geschnitten
etwa 450 ml Sonnenblumenöl zum Fritieren

Für den Ausbackteig
2 Eigelb
475 ml eiskaltes Wasser
500 g Weizenmehl
1 Prise Salz

Für die Dip-Sauce
4 EL helle Sojasauce
4 EL Mirin (siehe Seite 29)
125 ml Bonito-Brühe (siehe Seite 30)
2 TL fein gehackter frischer Ingwer

Roter Paprika

Rote Zwiebel

Aubergine

1 Die Gemüse- und Meeresfrüchtestücke sorgfältig mit Küchenpapier trocken tupfen.
2 Den Ausbackteig in 2 Hälften zubereiten. In einer Schüssel ein Eigelb verquirlen. Mit dem Rührbesen die Hälfte des eiskalten Wasser einrühren. Die Hälfte Mehl und Salz hineinsieben und mit einer Gabel kurz einrühren. Den Teig nicht glatt rühren – er soll noch Klümpchen haben.
3 Das Öl in der Friteuse oder im Wok auf 180 °C erhitzen. Gemüse in den Ausbackteig tauchen und ins heisse Öl gleiten lassen. Etwa 4 bis 5 Stücke zugleich 2 bis 3 Minuten fritieren. Danach mit einem Sieblöffel herausheben und auf Küchenpapier abtropfen lassen. Warm halten, während der Rest ausgebacken wird.
4 In einer sauberen Schüssel die zweite Hälfte Ausbackteig aus den restlichen Zutaten zubereiten. Die Hälfte der Garnelen in den Ausbackteig tauchen und 2 bis 3 Minuten fritieren, dabei mit dem Sieblöffel wenden.
5 Die Garnelen auf Küchenpapier entfetten und zusammen mit dem Gemüse warm halten. Anschliessend die restlichen Garnelen ausbacken. Danach Kalmar und Fisch in je 2 Portionen in den Teig tauchen und im Öl ausbacken. Entfetten und warm halten.
6 Alle Zutaten für die Dip-Sauce bis auf den Ingwer in einen kleinen Topf giessen. Zum Kochen bringen und auf kleiner Flamme 2 Minuten sieden lassen. Den Ingwer einrühren und die Sauce in eine kleine Schale giessen. Sofort mit der Tempura servieren.

Mirin
Weizen-
mehl
Salz
Helle Sojasauce
Bonito-
Brühe
Ingwer
Eigelb
Sonnenblumenöl

SIU MAI

Gedämpfte Wonton mit Garnelen- und Schweinefleischfüllung (Singapur)

Für diese Dim Sum müssen Sie Wonton-Hüllen kaufen, die sich zum Dämpfen eignen. Diese sind etwa dicker als die zum Fritieren. Servieren Sie die Siu Mai als Appetithappen oder als Teil eines Dim-Sum-Essens. Für 20 bis 24 Stück.

175–250 g Wonton-Teighüllen zum Dämpfen (siehe Seite 25)

Für die Füllung

375 g rohe Garnelen, geschält, entdärmt und fein gehackt
250 g gehacktes Schweinefleisch
1 TL Salz
90 g frische Shiitake-Pilze oder kleine Champignons, gehackt
6 Wasserkastanien aus der Dose, gehackt
2 TL helle Sojasauce
1 TL Zucker
2 EL fein geschnittene Frühlingszwiebeln
¼ TL frisch gemahlener schwarzer oder weisser Pfeffer
1 Eiweiss, verquirlt

1 Für die Füllung die gehackten Garnelen mit dem gehackten Schweinefleisch und dem Salz mit den Händen in einer Schüssel vermischen.
2 Die restlichen Zutaten für die Füllung zufügen und mit einem Holzlöffel einrühren. Zugedeckt mindestens 30 Minuten – wenn möglich länger – in den Kühlschrank stellen.
3 Vor dem Füllen die Ecken der Wonton-Hüllen mit einer Schere leicht abrunden.
4 Je 1 Esslöffel Füllung in die Mitte der Wonton-Hüllen setzen. Die Ränder zusammenfassen, so dass ein kleiner Beutel entsteht.
5 Den Beutel in die Hand nehmen, öffnen und mit dem angefeuchteten Rücken eines Teelöffels die Füllung oben glatt streichen. Danach den Beutel über der Füllung zusammendrehen.
6 Die Siu Mai portionsweise 8 bis 10 Minuten in einem Bambusdämpfer (siehe Seite 149) oder in einem gewöhnlichen Dämpfer garen.
7 Oder die Siu Mai auf einen mit Öl bestrichenen flachen Teller geben und diesen auf einen Untersetzer oder einen umgedrehten tiefen Teller in einen grossen Topf setzen. So viel heisses Wasser angiessen, dass der tiefe Teller ganz bedeckt ist. Das Wasser zum Kochen bringen und die Siu Mai 12 bis 15 Minuten im Dampf garen.
8 Die Siu Mai heiss servieren und nach Belieben ein scharfe Dip-Sauce, wie etwa eine Chilisauce (siehe Seite 28), dazu reichen.

REMPAH-REMPAH

Fritierte Garnelen-Bohnensprossen-Küchlein (Malaysia)

Servieren Sie die Küchlein als Snack zu Drinks. Für etwa 20 Stück. Abbildung auf Seite 34.

Etwa 450 ml Speiseöl zum Fritieren
20 kleine rohe Garnelen, geschält und entdärmt (siehe Seite 82)

Für die Küchlein

250 g rohe Garnelen, geschält, entdärmt und gehackt
250 g frische Bohnensprossen, abgespült und geputzt
125 g Reisstärke (siehe Seite 31) oder Weizenmehl
2 TL Backpulver
1 TL gemahlener Koriander
1 Prise gemahlener Kurkuma
2 rote Chilis, entkernt und fein gehackt
4 Frühlingszwiebeln, in feine Streifen geschnitten
1 TL helle Sojasauce
1 TL Salz
2 Eier, verquirlt

1 Alle Zutaten für die Küchlein vermischen.
2 Das Öl in einer Friteuse oder im Wok auf 180 °C erhitzen. Einen Esslöffel Masse abstechen und in der Hand zu einem flachen Küchlein formen. Eine ganze Garnele darauflegen und in das Küchlein pressen. Fortfahren bis die Masse und die Garnelen aufgebraucht sind.
3 Je 4 bis 5 Küchlein ins heisse Öl legen und 3 Minuten fritieren. Mit einem Sieblöffel herausheben und auf Küchenpapier entfetten. Warm halten, während die restlichen Küchlein fritiert werden. Warm oder kalt servieren.

SUSHI

Reisrollen (Japan)

Japanische Köche verwenden zum Rollen der Sushi eine eigens dafür bestimmte Bambusmatte (siehe Seite 149). Statt dessen kann man auch eine zweifache Lage Aluminiumfolie nehmen. Bereiten Sie Sushi erst kurz vor dem Servieren zu, da sie sich nur 1 bis 2 Stunden frisch halten. Für 16–24 Sushi für 4 bis 6 Personen.

Für den Reis

500 g japanischer Rundkornreis (siehe Seite 24), mehrmals kalt abgespült und 30 Minuten abgetropft
500 ml kaltes Wasser
300–375 g Räucherlachs in Scheiben
1 dünne Gurke, längs halbiert und entkernt, jede Hälfte längs in 4 Streifen geschnitten

Für das Dressing

4 EL Reisessig (siehe Seite 29)
2 EL Zucker
1 EL heisses Wasser
½–1 TL Salz

1 Den Reis und das Wasser in einen Topf mit schwerem Boden geben. Zum Kochen bringen und etwa 10 Minuten kochen lassen, bis der Reis das Wasser aufgesogen hat. Den Reis einmal umrühren. Den Deckel auflegen und die Hitze auf ein Minimum reduzieren. Den Reis im geschlossenen Topf und ohne Umrühren 10 bis 12 Minuten garen.

2 Den Topf vom Herd nehmen und auf ein feuchtes Küchentuch setzen. Den Reis im geschlossenen Topf weitere 5 Minuten ruhen lassen, dann in eine Schüssel schütten und einige Minuten auskühlen lassen.

3 Die Zutaten für das Dressing in einer kleinen Glasschale verrühren. Nach und nach das Dressing über den Reis träufeln und vorsichtig untermischen. Den Reis nicht kräftig rühren, sondern wie einen Blattsalat sacht wenden. Dabei öfter abschmecken, da vielleicht nicht das ganze Dressing benötigt wird. Die Schüssel mit einem feuchten Küchentuch abdecken und kühl stellen.

4 Eine Bambusmatte oder eine doppelte Lage Aluminiumfolie von 24×24 cm mit Frischhaltefolie auslegen. Den Reis und die Räucherlachsscheiben in 4 gleichmässige Portionen teilen.

5 Eine Portion Räucherlachs auf der Bambusmatte ausbreiten und mit einer Portion Reis bedecken. Darüber 2 Gurkenstreifen legen und das Ganze zur Rolle formen (siehe unten).

6 Die Reisrolle von der Bambusmatte nehmen und in der Folie eingewickelt lassen. Fortfahren, bis alle 4 Portionen Reis und Räucherlachs aufgebraucht sind. Die Sushi vor dem Servieren 10 Minuten im Kühlschrank kühlen.

7 Die Folie vorsichtig abziehen und die Sushi-Rollen in je 4 bis 6 Scheiben schneiden.

DAS ROLLEN VON SUSHI

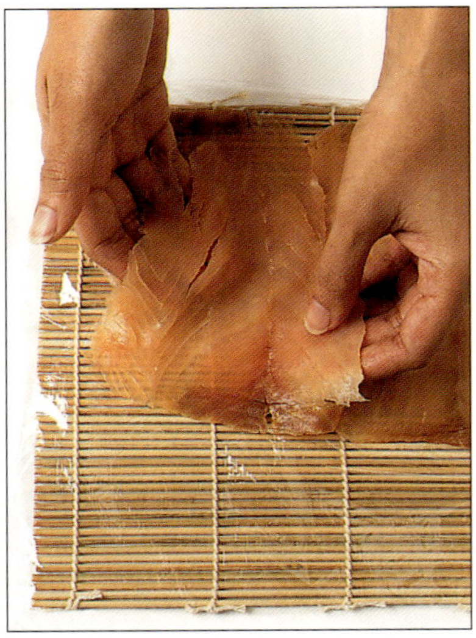

1 Ein Viertel der Räucherlachsscheiben so ausbreiten, dass sie ungefähr die halbe Mattenlänge bedecken und fast die ganze Breite ausfüllen. Dabei einen Rand von ungefähr 1 cm an jeder Längsseite lassen.

2 Eine Portion Reis so über die Räucherlachsscheiben geben, dass am hinteren Ende eine freier Streifen Lachs bleibt. Den Reis leicht mit einer Gabel flachdrücken, damit eine gleichmässig dicke Schicht entsteht.

3 Den Reis quer mit 2 Gurkenstreifen belegen. Mit Hilfe der Matte oder der Aluminiumfolie den Reis zu einer festen Rolle aufrollen, dabei darauf achten, dass weder Frischhaltefolie noch Matte in den Reis eingerollt werden.

INDONESIEN UND MALAYSIA

Kräftige Aromen sowie weiche und knackige Konsistenzen, fein aufeinander abgestimmt und miteinander vermischt, zudem die raffinierte Verwendung von Saurem und scharfen Chilis – das macht die Küche von Indonesien und Malaysia aus.

Laksa Lemak
Malayische scharf gewürzte Nudelsuppe mit Kokosmilch
(Rezept Seite 61)

Rujak
Indonesischer scharf gewürzter Obstsalat (Rezept Seite 137)

Oseng Osengayam Dengan Sayuran
Indonesisches pfannengerührtes Huhn mit Gemüse (Rezept Seite 86)

Nasi Kuning
Malaiischer gelber Gewürzreis (Rezept Seite 126)

FISCH UND MEERESFRÜCHTE

Fisch ist in fast allen asiatischen Ländern ein Grundnahrungsmittel. Die meisten Fischrezepte können mit den verschiedensten Fischen zubereitet werden. Wichtig ist nur, dass man den frischesten Fisch kauft, der erhältlich ist, besonders wenn er roh gegessen oder nur kurz gegart werden soll. Kurze Garzeiten sind typisch für die folgenden Rezepte – Garnelen und Jakobsmuscheln werden zäh, wenn sie übergart werden. Die asiatische Fischküche zeichnet sich durch einen eigenen prononcierten Geschmack aus. Er wird bestimmt durch fein abgestimmtes Würzen mit Kräutern und vielen anderen Gewürzzutaten.

PEPES IKAN

Marinierter Fisch mit geraspelter Kokosnuss (Indonesien)

Pepes Ikan wird in Indonesien im Bananenblatt gegart. Eine gute Alternative ist das Garen «en papillote», in einer Hülle aus Pergamentpapier.

4 EL Tamarindenwasser (siehe Seite 101)
½ TL Salz
2 Knoblauchzehen, fein gehackt
¼ TL Cayennepfeffer
4 doppelte Forellenfilets von je 175–200 g oder 4 Fischsteaks
3 EL Erdnussöl
4 Schalotten, in feine Streifen geschnitten
2–4 grosse rote Chilis, entkernt und in feine Scheiben geschnitten
1 TL gemahlener Koriander
2 TL gehackter frischer Ingwer
½ Stengel frisches Zitronengras ohne Aussenblätter, fein gehackt
1 Handvoll frische Minzblätter
125–175 g geraspelte frische Kokosnuss (siehe Seite 133) oder
125 g getrocknete Kokosnussraspel, 5 Minuten in 125 ml heissem Wasser eingeweicht
frisch gemahlener schwarzer Pfeffer
frische Bananenblätter (siehe Seite 20) oder Pergamentpapier

1 In einer Schüssel das Tamarindenwasser mit dem Salz, dem Knoblauch und dem Cayennepfeffer verrühren. Die Fischfilets einlegen und zugedeckt im Kühlschrank 1 Stunde marinieren.

2 Den Fisch aus der Marinade heben und auf einen Teller legen. Die Marinadenflüssigkeit bereithalten. Das Öl in einer grossen tiefen Pfanne erhitzen. Die Schalotten und Chilis zufügen und 2 bis 3 Minuten pfannenrühren. Den Koriander, den Ingwer, das Zitronengras und die Minzblätter zufügen und 1 Minute dünsten.

3 Die geraspelte frische oder die eingeweichte Kokosnuss samt Einweichwasser zufügen und auf kleiner Flamme unter ständigem Rühren 6 bis 8 Minuten dünsten. Abschmecken und den Fisch einlegen. Zudecken und die Pfanne vom Feuer nehmen.

4 Das Bananenblatt in 4 Quadrate von 30 cm Seitenlänge oder das Pergamentpapier in 4 Kreise von 30 cm Durchmesser schneiden. Je ein Fischstück in die Mitte legen und darüber die Kokosnussmischung verteilen.

5 Das Bananenblatt hoch schlagen, zu einem Päckchen falten und an den Seiten mit Bambusspiesschen verschliessen. Oder das Pergamentpapier zu einer halbmondförmigen Tasche umschlagen und die Ränder fest zusammenfalten.

6 Die Päckchen auf ein Backblech legen und im auf 180 °C vorgeheizten Ofen 15 bis 20 Minuten garen. Die geschlossenen Päckchen auftragen und erst bei Tisch von den Gästen öffnen lassen.

PATRANI MACHCHI

Fisch im Bananenblatt (Indien)

Dies ist die indische Version des javanischen Pepes Ikan. Servieren Sie es mit einem beliebigen Gemüse und Reis.
Abbildung auf Seite 134.

4 Schollen- oder Steinbuttfilets von je 150–175 g
½ TL Salz
Saft von einer kleinen Zitrone
4 EL geraspelte frische Kokosnuss (siehe Seite 133) oder
3 EL getrocknete Kokosnussraspel
3 EL fein geschnittenes Koriandergrün
frische Bananenblätter (siehe Seite 20) oder Aluminiumfolie

Für die Paste

1 EL Koriandérkörner, geröstet (siehe Seite 155) und grob zerstossen
1 TL Kreuzkümmel, geröstet (siehe Seite 155) und grob zerstossen
2 Knoblauchzehen, gehackt
2 TL weisse Mohnsamen (siehe Seite 23), grob zerstossen
2 EL Tamarindenwasser (siehe Seite 101) oder weisser Branntweinessig
1 TL Zucker
je 1 grüne und rote Chili, entkernt und gehackt
2 EL Erdnussöl
½ TL Salz

1 Den Fisch von beiden Seiten mit Salz und Zitronensaft einreiben und 30 Minuten kühl stellen.
2 Alle Zutaten für die Gewürzpaste im Mixer zu einem glatten Püree verarbeiten. Das Püree in eine Schüssel geben und die frische oder getrocknete Kokosnussraspel sowie das Koriandergrün einrühren.
3 Bei der Verwendung von Bananenblättern schneiden Sie diese so zurecht, dass sie ein quadratisches Stück Aluminiumfolie von etwa 40 cm Seitenlänge bedecken; oder verwenden Sie eine doppelte Lage Aluminiumolie. Die Fischfilets von beiden Seiten mit der Paste einreiben und nebeneinander auf die Folie legen.
4 Die Bananenblätter und die Folie über die Filets zu einem lockeren Päckchen schlagen, dabei die Bananenblätter mit Bambusspiesschen verschliessen. Das Päckchen im auf 190 °C vorgeheizten Ofen 15 bis 20 Minuten garen.
5 Das Päckchen öffnen und die Filets samt ihrem Bratensaft in eine grosse ofenfeste Schale geben. Unter einem heissen Grill 2 bis 3 Minuten leicht bräunen und sofort servieren.

LACHAP LONGLEI GUIN

Fritierte Seezungenstreifen mit Chili-Bohnensauce und Spargel (China)

Ich konnte zusehen, wie Simon Yung, Chefkoch im Dorchester Hotel, London, dieses klassische kantonesische Gericht zubereitete. Seine Darbietung war beeindruckend. Wenn ich das Gericht zuhause zubereite, verwende ich nur die Filets. Für 2 Personen als Hauptgericht oder für 4 Personen als Vorspeise.

2 Seezungenfilets von je 250–300 g, diagonal in je 4 dünne Streifen geschnitten (siehe Seite 150)
1 TL helle Sojasauce
einige Tropfen Sesamöl
4 grosse frische Shiitake-Pilze oder braune Champignons, nur die Kappen, in Streifen geschnitten
30 g Bambussprossen, in dünne Streifen geschnitten (siehe Seite 154)
30 g Karotten, in dünne Streifen geschnitten (siehe Seite 154)
3 Frühlingszwiebeln, in 2 cm lange Abschnitte geschnitten
2 TL Speisestärke
Salz, frisch gemahlener schwarzer Pfeffer
etwa 300 ml Speiseöl zum Fritieren
6 Stangen grüner Spargel von etwa 7 cm Länge
2 EL fein geschnittenes Koriandergrün als Garnitur

Für die Sauce

2 EL Chili-Bohnensauce
¼ grüne Paprikaschote, entkernt, fein gewürfelt
1 Knoblauchzehe, fein gewürfelt
1–2 TL Reisessig (siehe Seite 29)
3 EL heisses Wasser

1 Die Fischstreifen mit Sojasauce und Sesamöl beträufeln. Die Pilze, Bambussprossen, Karotten und Frühlingszwiebeln in 8 gleiche Portionen teilen und auf die 8 Fischstreifen verteilen. Das Gemüse in die Streifen einrollen.
2 Etwas Speisestärke, Salz und Pfeffer über die Röllchen streuen und vorsichtig einreiben. Die Speisestärke versiegelt dabei die Röllchen.
3 Das Öl im Wok sehr stark erhitzen. Die Fischröllchen hineingeben und nur 2 Minuten fritieren. Mit einem Sieblöffel herausheben, auf eine vorgewärmte Servierplatte setzen und warm halten.
4 Die Zutaten für die Sauce in einem kleinen Topf verrühren und erhitzen. Gleichzeitig den Spargel 10 Sekunden im Wok fritieren. Herausheben und auf Küchenpapier entfetten. Die Fischröllchen mit der heissen Sauce beträufeln und mit dem Spargel umlegen. Mit dem fein geschnittenen Koriandergrün garnieren und sofort servieren.

PLEA TRAY

Fischsalat (Kambodscha)

Jedes asiatische Volk scheint seinen eigenen Fischsalat zu haben. Dieser hier stammt von Rosine Ek aus ihrem Pariser Restaurant Chez Rosine Cuisine du Cambodge.

4 EL Limettensaft
2 TL fein gehacktes frisches Zitronengras, nur das Innere
1 TL fein gehackter frischer Galgant (siehe Seite 27)
1–3 frische rote Vogelaugenchilis, fein gehackt
1 TL Zucker
2 TL Fischsauce (Nuoc Mam, siehe Seite 28)
¼ TL Salz
375 g Lachsfilet, in dünne Streifen geschnitten (siehe Seite 150)
½ mittelgrosse Gurke, geschält
2 Schalotten, in sehr dünne Streifen geschnitten
1 rote Paprikaschote, entkernt und in sehr dünne Streifen geschnitten
2 Handvoll frische Minzblättchen
2–3 Eissalatblätter, in feine Streifen geschnitten

1 In einer Schüssel den Limettensaft, das Zitronengras, den Galgant und die Chilis mit dem Zucker, der Fischsauce und dem Salz zu einer Marinade vermischen. Die Lachsstreifen, darin wenden und 2 bis 3 Stunden an einem kühlen Platz marinieren.
2 Die Gurke längs halbieren und mit einem Teelöffel die Kerne herausschaben. Die Gurke in hauchfeine halbmondförmige Scheiben schneiden.
3 Die Gurken in eine Glasschüssel geben. Die Schalotten, den roten Paprika, die Minze und die Salatblätter zufügen und miteinander vermischen.
4 Die Fischstreifen aus der Marinade heben und zum Salat geben. Die Marinade mit Salz abschmecken und über den Salat träufeln. Alle Zutaten vorsichtig miteinander vermischen. Den Salat sofort servieren.

FISCH-TERIYAKI

Glasierter gegrillter Fisch (Japan)

Teriyaki ist ein Gericht vom Grill (Yaki) mit einer Sauce, die während des Grillens eine Glasur (Teri) bildet. Traditionell wird Teriyaki auf Chrysanthemenblättern, garniert mit einer geschnitzten Rettichblüte und mit etwas eingelegtem rosa Ingwer serviert. Servieren Sie den Fisch direkt vom Grill und reichen Sie anschliessend, wenn Sie mögen, gekochten japanischen Reis mit einem Gemüse oder einem Salat.

4 Heilbuttsteaks von je 150–175 g, etwa 5 cm dick geschnitten
1 TL grobes Meersalz
4 EL Erdnussöl
2 EL fein geschnittener eingelegter rosa Ingwer (siehe Seite 31), als Garnitur
125 g weisser Rettich (siehe Seite 20), in feine Streifen geschnitten (siehe Seite 154) und in Eiswasser eingelegt

Für Marinade und Glasur
2 EL Sake (siehe Seite 29)
2 EL Mirin (siehe Seite 29)
5 EL dunkle Sojasauce
1 EL Zucker

1 Die Fischsteaks mit Salz einreiben und 30 Minuten ruhen lassen. Danach unter fliessendem kaltem Wasser abspülen und mit Küchenpapier trocken tupfen.
2 In einer Schüssel die Zutaten für die Marinade verrühren. Die Fischsteaks darin 1 bis 2 Stunden marinieren, dabei mehrmals wenden.
3 Die Fischsteaks aus der Marinade heben und dicht nebeneinander auf einen Grillrostlegen. Unter einem heissen Grill 5 bis 8 Minuten grillen, dabei einmal wenden.
4 Die Marinade in einen kleinen Topf giessen und 2 bis 3 Minuten erhitzen, bis sie sämig und leicht karamelisiert ist. Die Fischsteaks mit dem Rücken eines Löffels mit der Marinade überglänzen und nochmals für 2 bis 3 Minuten unter den heissen Grill setzen.
5 Die Teriyaki auf eine Servierplatte legen und mit in Streifen geschnittenem, eingelegtem rosa Ingwer und Rettich garnieren.

IKAN MASAK TAUCO

Fisch in schwarzer Bohnensauce (Malaysia)

Sie können für dieses Gericht auch gelbe Bohnensauce und jedes andere frische weissfleischige Fischfilet verwenden. Servieren Sie es mit Nudeln oder Reis oder nur mit einem Salat als leichtes Mittagessen.

4 Schollen- oder Kabeljaufilets von 175–200 g
½ TL Salz
1 TL frisch gemahlener schwarzer Pfeffer
1 EL brauner Rohrzucker
2 EL Mehl
4 EL Erdnuss- oder Sojaöl
6 Schalotten oder 1 grosse Zwiebel, in sehr dünne Scheiben geschnitten
2–5 grüne Chilis, entkernt und fein zerschnitten
250 g kleine Champignons, in dünne Scheiben geschnitten
1 TL helle Sojasauce
3 Frühlingszwiebeln, in dünne Scheiben geschnitten

Für die Paste
2 EL schwarze oder gelbe Bohnensauce
2 Knoblauchzehen, gehackt
5 cm frischer Ingwer, gehackt
¼ TL Cayennepfeffer
1 EL Tamarindenwasser (siehe Seite 101) oder Zitronensaft
2 EL Erdnuss- oder Sojaöl

1 Das Fischfilet mit Salz und Pfeffer einreiben. Den Zucker und das Mehl vermischen und damit eine Seite der Filets einreiben. Die Filets mit der bemehlten Seite nach aussen einrollen, mit einem Holzspiesschen feststecken und bereit halten.
2 Die Zutaten für die Paste im Mixer so glatt wie möglich pürieren. In eine kleine Schüssel geben.
3 Das Öl in einer grossen antihaftbeschichteten Pfanne erhitzen. Darin die Fischröllchen 2 bis 3 Minuten unter mehrmaligem Wenden braten. Mit einem Sieblöffel aus der Pfanne heben, auf einen Teller setzen und die Holzspiesschen entfernen.
4 Das Öl wieder erhitzen und darin die Schalotten oder Zwiebeln unter ständigem Rühren 2 bis 3 Minuten dünsten. Die Paste, die grünen Chilis und die Pilze zufügen und 2 bis 3 Minuten pfannenrühren. Die Hitze verstärken und die Sojasauce sowie die Frühlingszwiebeln einrühren.
5 Die Fischröllchen zurück in die Pfanne geben und vorsichtig in der schwarzen Bohnensauce wenden. Über reduzierter Hitze zugedeckt eine weitere Minute garen. Die Pfanne vom Feuer nehmen. Die Fischröllchen zugedeckt noch 2 Minuten ruhen lassen. Danach sofort servieren.

IKAN MASAK LADA

Gebratenes Kabeljaufilet mit Chilis (Malaysia)

Chili-Fans werden dieses beliebte malayische Gericht schätzen. Damit Sie sich nicht den Mund verbrennen, nehmen Sie die relativ milden grossen roten Schoten. Servieren Sie dazu Reis oder Nudeln und einen Salat.

4 Kabeljaufilets von je 150–175 g
½ TL Salz
½ TL frisch gemahlener weisser Pfeffer
5 EL Erdnuss- oder ein anderes Speiseöl
10 grosse rote Chilis oder 2 rote Paprikaschoten, entkernt und fein gehackt
4 Schalotten, sehr fein gewürfelt
2 Knoblauchzehen, sehr fein gehackt
2 TL fein gehackter Ingwer
2 TL gemahlener Koriander
1 EL Tamarindenwasser (siehe Seite 101)

1 Den Fisch mit Salz und Pfeffer einreiben und 10 bis 15 Minuten ruhen lassen.
2 Das Öl in einer Bratpfanne erhitzen. Die Fischfilets hineinlegen und über mittlerer Hitze 2 Minuten braten. Mit einer Fischbackschaufel wenden und weitere 2 Minuten braten.
3 Die Fischfilets aus der Pfanne heben und auf einen Teller legen. Die Chilis oder den Paprika, die Schalotten und den Knoblauch in die Pfanne geben und unter ständigem Rühren 6 Minuten dünsten. Anschliessend den Ingwer und den gemahlenen Koriander einstreuen. Abschmecken und unter Rühren weitere 2 Minuten dünsten.
4 Das Tamarindenwasser in die Pfanne giessen. Die Hitze verstärken und unter ständigem Rühren 2 Minuten kochen lassen. Falls die Mischung zu trocken aussieht, noch 2 Esslöffel heisses Wasser zugiessen.
5 Die Fischfilets auf das Chili-Gemüse legen und 1 Minute dünsten. Danach wenden und noch 1 Minute garen. Die Pfanne vom Herd nehmen, den Deckel auflegen und die Fischfilets 2 Minuten ziehen lassen. Anschliessend sofort servieren.

SUZUKI SASHIMI

Roher Wolfsbarsch mit Gurkenstreifen (Japan)

Ich gebe zu, dass ich dieses Gericht nur ein einziges Mal zubereitet habe. Mein Fisch wurde um 4 Uhr morgens vor der Küste von Cornwall gefangen, um 11 Uhr bei mir in London angeliefert und am Abend gegessen. Ich würde nicht versuchen, Sashimi mit weniger frischem Fisch zuzubereiten. Gutes Sashimi ist nicht zu überbieten, deshalb habe ich dieses Rezept einbezogen für diejenigen, die das Glück haben, an der Küste zu wohnen, wo frischer Fisch leicht zu erhalten ist. Bereiten Sie die Dip-Sauce schon im Voraus zu; luftdicht verschlossen hält sie sich im Kühlschrank 2 bis 3 Tage.

½ mittelgrosse Gurke, längs halbiert
500 g fangfrisches Wolfsbarschfilet, in hauchdünne Scheiben geschnitten (siehe Seite 150)
1 Zitrone, in Achtel geschnitten
1 Handvoll frische Minzblättchen als Garnitur
Wasabipaste (siehe Seite 31)

Für die Dip-Sauce
125 ml dunkle Sojasauce
1 EL Sake (siehe Seite 29)
1 EL Mirin (siehe Seite 29)
2 EL Tamari-Sojasauce (siehe Seite 28)
30 g Bonito-Flocken (siehe Seite 30)

1 Für die Dip-Sauce die dunkle Sojasauce mit Sake und Mirin in einem kleinen Topf verrühren. Zum Kochen bringen und 5 Minuten auf kleiner Flamme kochen lassen. Vom Feuer nehmen und die Tamari-Sojasauce und die Bonito-Flocken zufügen. Die Sauce etwa 5 Stunden ziehen lassen.
2 Mit einem Teelöffel die Kerne aus den Gurkenhälften schaben. Danach die Gurke in dünne Streifen schneiden (siehe Seite 150).
3 Die Fischscheiben auf 4 flachen Tellern anrichten. Die Gurkenstreifen und die Zitronenachtel darauflegen. Mit den Minzblättchen garnieren. Die Wasabipaste und die Dip-Sauce für jeden Gast gesondert in ein kleines Schälchen geben.
4 Bei Tisch werden die Zitronenachtel über den Fischscheiben ausgedrückt. Die Scheiben mit Essstäbchen zuerst in die Wasabipaste und danach in die Dip-Sauce tunken. Abwechselnd dazu etwas Gurke essen.
5 Man kann jedoch dieses Gericht auch wie einen Salat mit Messer und Gabel essen. Dafür die Fischscheiben mit Salatblättern vermischen. Die Wasabipaste mit der Dip-Sauce verrühren und über den Salat giessen.

NGA WEHIN

Fischcurry (Burma)

Dieser einfache Curry enthält weder Kokosmilch noch Joghurt. Es lohnt sich, dafür den ganzen Fisch mit Kopf und Gräten zu verwenden, da dies eine gehaltvollere Sauce ergibt. Servieren Sie dazu Reis und Gemüse.

1–1,25 kg Seebarsch oder Brachsenmakrelen
900 ml Wasser
5 cm frischer Ingwer, fein geschnitten
1 TL gemahlener Kurkuma
½ TL Salz
1 EL Fischsauce (Nam Pla, siehe Seite 28)
1 Stengel Zitronengras, in 3 Stücke geschnitten
frisch gemahlener schwarzer Pfeffer
3 EL fein geschnittenes Koriandergrün

Für die Paste

5 Schalotten, gewürfelt
3 Knoblauchzehen, gehackt
2–6 kleine getrocknete rote Chilis
1 TL fein gehacktes frisches Zitronengras, nur das Innere
2 EL Tamarindenwasser (siehe Seite 101)
3 EL Speiseöl
1 EL Fischsauce (Nam Pla, siehe Seite 28)
2 Tomaten, abgezogen und zerschnitten

1 Den Fisch zusammen mit dem Wasser, dem Ingwer, dem Kurkuma, dem Salz, der Fischsauce und dem Zitronengras in einem grossen Topf zum Kochen bringen. Auf kleiner Flamme 8 bis 10 Minuten kochen lassen.
2 Den Fisch aus dem Sud heben und abkühlen lassen. Das Fleisch in grossen Stücken von Gräten und Haut lösen und bereithalten. Die Gräten und die Haut zurück in den Sud geben und diesen weitere 20 Minuten auf kleiner Flamme kochen lassen. Danach die Brühe in eine Schüssel seihen.
3 Die Zutaten für die Paste im Mixer so glatt wie möglich pürieren. Die Paste in einen Topf geben und unter ständigem Rühren 3 Minuten dünsten.
4 Die durchgeseihte Brühe einrühren und in weiteren 15 bis 20 Minuten zu einer sämigen Sauce einkochen lassen. Die Sauce abschmecken. Die Fischstücke einlegen und 3 bis 4 Minuten wieder erhitzen. Mit dem fein geschnittenen Koriandergrün bestreuen und servieren.

HOJAN HSIN TAIJI

Jakobsmuscheln in Austernsauce (China)

Dieses klassische kantonesische Gericht ist, wenn alle Zutaten griffbereit sind, in wenigen Minuten bereit. Abbildung auf Seite 96.

12 Jakobsmuscheln, Corail zurückbehalten, die weisse Nuss waagerecht halbiert
1 TL Speisestärke
1 EL helle Sojasauce
¼ TL frisch gemahlener weisser Pfeffer
1 EL Shaohsing-Wein (siehe Seite 29) oder trockener Sherry
4 EL Erdnussöl
1 Staudensellerieherz mit Blättern, grob zerschnitten
6 frische Shiitake-Pilze ohne Stiele, Kappen geviertelt
3 Frühlingszwiebeln, diagonal in 1 cm lange Abschnitte geschnitten
2 Tomaten, abgezogen, entkernt und geviertelt
Salz

Für die Sauce

2 EL Austernsauce
1 EL Shaohsing-Wein (siehe Seite 29) oder trockener Sherry
2 TL sehr fein gehackter frischer Ingwer
1 TL sehr fein gehackter Knoblauch
½ TL Speisestärke
1 EL helle Sojasauce
½ TL chinesisches Sesamöl

1 Das weisse Muschelfleisch in eine Schüssel geben und mit der Speisestärke, der Sojasauce, dem weissen Pfeffer und dem Shaohsing-Wein einreiben. Einige Zeit kühl stellen.
2 Die Zutaten für die Sauce bis auf das Sesamöl in einer Schale verquirlen und bereithalten.
3 Den Wok erhitzen, das Öl darin rauchheiss werden lassen, die halbierten Jakobsmuscheln zufügen und 1 Minute pfannenrühren. Mit einem Sieblöffel herausheben. Das restliche Öl abgiessen.
4 Den Sellerie und die Pilze in den Wok streuen und 1 bis 2 Minuten pfannenrühren. Mit einem Sieblöffel herausheben. Das restliche Öl abgiessen.
5 Die Saucenmischung in den Wok schütten, aufkochen und unter ständigem Rühren 1 bis 2 Minuten kochen lassen. Die Hitze verstärken und die Frühlingszwiebeln sowie die Tomaten zufügen und 30 Sekunden pfannenrühren.
6 Die Jakobsmuscheln samt ihrem Bratensaft, das bereitgehaltene Corail, den Sellerie und die Pilze wieder in den Wok geben, 30 Sekunden pfannenrühren und danach das Sesamöl hineinträufeln. Abschmecken und sofort servieren.

HOMOK TALAY

Meeresfrüchte in Kokosnussmilch (Thailand)

2 Tintenfische von je etwa 250 g, geputzt (siehe Seite 150) und ohne Tentakeln in mundgerechte Stücke geschnitten
8–12 Pfahlmuscheln, gebürstet und gewaschen
8 rohe Jakobsmuscheln, die weisse Nuss halbiert
8 rohe Riesengarnelen
4 vorgekochte Krebsscheren
je 1 Handvoll frische Minze und Basilikum
Salz, frisch gemahlener schwarzer Pfeffer
8 kleine rote Chilis als Garnitur

Für die Sauce
3 EL Speiseöl
4 Schalotten oder 1 mittelgrosse Zwiebel, gewürfelt
3 Knoblauchzehen, gehackt
1– 3 grosse rote Chilis, entkernt und fein gehackt
2 TL fein gehackter frischer Ingwer
½ TL gemahlener Kurkuma
Samenkörner von 3 grünen Kardamomkapseln
2 EL Tamarindenwasser (siehe Seite 101)
2 frische Kaffirlimettenblätter (siehe Seite 26)
1 Stengel frisches Zitronengras, in 3 Stücke geschnitten
1 TL Salz
1 TL Zucker
900 ml sehr dicke Kokosmilch (siehe Seite 141)
1 TL Fischsauce (Nam Pla, siehe Seite 28)

1 Die Tintenfischstücke in einen Topf mit leicht gesalzenem kochendem Wasser geben und 4 bis 5 Minuten garen. In einem Sieb abtropfen lassen.
2 Alle Muscheln entfernen, deren Schalen beschädigt sind und die sich nicht schliessen, wenn man sie leicht beklopft. Die Muscheln in einen Topf mit kochendem Wasser geben und 1 Minute kochen lassen.
3 Den Topf vom Feuer nehmen und die Muscheln einige Minuten stehen lassen, bis sich die Schalen geöffnet haben. Muscheln, die sich nicht öffnen, entfernen. Die geöffneten Muscheln kurz abspülen.
4 Für die Sauce das Öl in einem grossen Topf mit schwerem Boden erhitzen. Schalotten, Knoblauch, Chilis und Ingwer einstreuen und 2 Minuten pfannenrühren.
5 Kurkuma, Kardamomsamen, Tamarindenwasser, Limettenblätter, Zitronengras, Salz und Zucker einrühren. Danach die Kokosmilch zugiessen und zum Kochen bringen. Die Hitze leicht reduzieren und die Sauce unter mehrmaligem Rühren 30 bis 40 Minuten kochen lassen, bis sie auf die Hälfte reduziert ist.

6 Die Meeresfrüchte, die Minz- und Basilikumblätter zufügen und weitere 4 bis 5 Minuten garen. Abschmecken, die Limettenblätter und Zitronengrasstengel entfernen und das Gericht mit den Chilis garnieren.

Grosse rote Chilis
Ingwer
Gemahlener Kurkuma
Kardamomkapseln
Tamarindenwasser
Kaffirlimettenblätter
Zitronengras
Zucker
Fischsauce
Kokosmilch
Knoblauch
Schalotten

SCHÄLEN UND ENTDÄRMEN VON GARNELEN

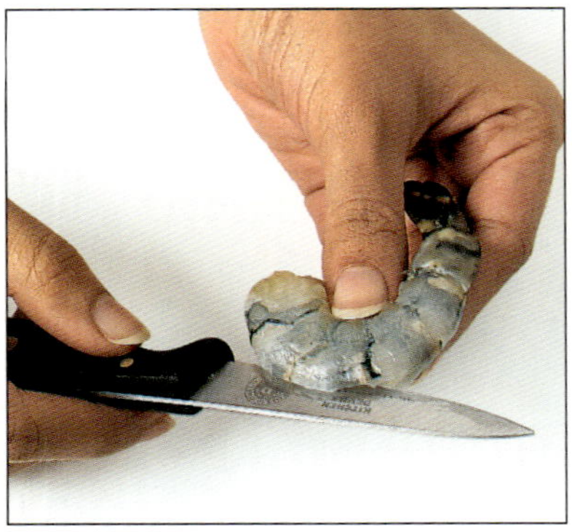

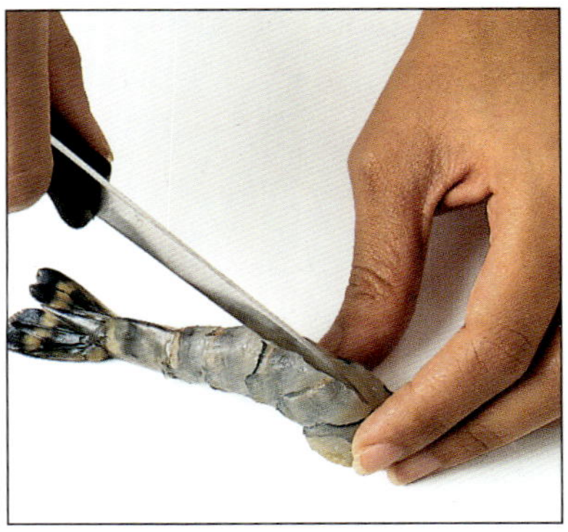

1 Den Kopf und die Schalen der Garnelen entfernen. Einen kurzen Einschnitt am Garnelenrücken machen, um den dunklen Strang oder Darm freizulegen.

2 Mit der Messerspitze den dunklen Strang vorsichtig herausziehen und entfernen. Wenn man nur einen kurzen Einschnitt macht, bleiben die Garnelen beim Garen gerade.

3 Soll sich die Garnele beim Garen kräuseln, muss man beim Entfernen des Darms einen langen Schnitt entlang des ganzen Garnelenrückens machen.

Sambal Goreng Udang

SAMBAL GORENG UDANG

Garnelen in Kokosnusssauce (Indonesien)

Eine der bekannteren Spezialitäten der indonesischen Küche. Servieren Sie dazu Reis und pfannengerührtes Gemüse oder Salat.

450 ml heisses Wasser
2 frische Kaffirlimettenblätter (siehe Seite 26) oder Lorbeerblätter
5 cm frisches Zitronengras
125 g Creamed Coconut, in Stücke gebrochen
16–20 rohe Riesengarnelen, geschält, entdärmt
2 reife Tomaten, abgezogen, entkernt, gehackt
125 g Kaiserschoten

Für die Paste
3 Schalotten oder 1 kleine Zwiebel, gewürfelt
2 Knoblauchzehen, fein gehackt
5 cm frischer Ingwer, geschält und in Scheiben geschnitten
3 grosse rote Chilis, entkernt und gehackt
1 TL Garnelenpaste (siehe Seite 31)
2 Candle Nuts oder geschälte Mandeln, gehackt
1 TL gemahlener Koriander
1 TL Paprika
½ TL Salz
1 EL Tamarindenwasser (siehe Seite 101) oder Zitronensaft
2 EL Speiseöl
3 EL kaltes Wasser

1 Für die Paste alle Zutaten in den Mixer geben und so fein wie möglich pürieren. Die Mischung in einen Topf schütten und unter Rühren 4 Minuten dünsten. Danach das heisse Wasser, die Limetten- oder Lorbeerblätter und das Zitronengras zufügen. Zum Kochen bringen und 20 Minuten auf kleiner Flamme kochen lassen.
2 Die in Stücke gebrochene Creamed Coconut zufügen und rühren, bis sie aufgelöst sind. Auf kleiner Flamme weitere 3 bis 4 Minuten kochen lassen. Eventuell mit noch etwas Salz abschmecken.
3 Die Sauce stark aufkochen lassen. Die Garnelen einstreuen und unter ständigem Rühren 2 Minuten garen.
4 Die Tomaten und die Kaiserschoten zufügen und auf kleiner Flamme nur noch 2 Minuten kochen lassen – nicht länger, damit die Garnelen nicht zäh und fade werden. Vor dem Servieren die Limettenblätter und das Zitronengras entfernen.

JINGHA KARI

Garnelencurry (Indien)

Dieser Curry gleicht dem, den eine burmesische Freundin vor Jahren in Java für mich gekocht hat. Sie hat damals allerdings fein gehacktes zartes Kokosnussfleisch anstatt des hier verwendeten Joghurt genommen. Servieren Sie einen Reis-Pilaw dazu (z.B. Rezept Seite 126).

4 EL Erdnussöl
2 Zwiebeln, in dünne Ringe geschnitten
2 grüne Chilis, entkernt und in dünne Scheiben geschnitten
5 cm Zimtstange
8–10 Gewürznelken
4 EL heisses Wasser
4 EL fettarmer Joghurt, verquirlt
Salz, frisch gemahlener schwarzer Pfeffer
16–20 rohe Riesengarnelen, geschält, entdärmt
3 EL fein geschnittene Blattpetersilie oder Koriandergrün als Garnitur

Für die Paste
6 Knoblauchzehen, gehackt
2 TL fein gehackter frischer Ingwer
½ TL Cayennepfeffer
½ TL gemahlener Kurkuma
1 TL gemahlener Koriander
1 EL Tamarindenwasser (siehe Seite 101) oder Zitronensaft
4 EL kaltes Wasser

1 Alle Zutaten für die Paste im Mixer so glatt wie möglich vermischen. Die Paste in eine Schale geben und bereithalten.
2 Das Öl in einer tiefen Pfanne erhitzen. Darin die Zwiebeln 8 Minuten unter Rühren dünsten. Mit einem Sieblöffel herausheben.
3 Das Öl bis auf einen Esslöffel aus der Pfanne schütten. Die Pfanne wieder aufs Feuer setzen. Die Chilis, den Zimt und die Gewürznelken einstreuen und 1 Minute pfannenrühren. Die Zwiebeln wieder in die Pfanne geben, die Paste zufügen und alles 1 Minute pfannenrühren.
4 Das heisse Wasser einrühren und 5 Minuten auf kleiner Flamme kochen lassen. Den Joghurt und die Gewürze zufügen und unter Rühren 1 bis 2 Minuten kochen lassen. Die Hitze verstärken, die Garnelen einlegen und in der Sauce wenden. Zugedeckt über mittlerer Hitze 3 Minuten garen.
5 Die Pfanne vom Feuer nehmen und den Curry fest zugedeckt 2 Minuten ziehen lassen. Die Zimtstange und die Gewürznelken entfernen. Den Curry in eine vorgewärmte Schüssel anrichten und mit der Petersilie oder dem Koriandergrün bestreut servieren.

ALIMANGO TAUSI

Gefüllter Taschenkrebs in gelber Bohnensauce (Philippinen)

Filipinos geben gern Früchte, besonders Guavas, in diese Krebsfüllung. Die Krabben werden gewöhnlich fritiert oder gedämpft. Hier aber werden sie im Ofen gegart. Servieren Sie dazu Reis oder Nudeln oder nur einen grünen Salat.

4 kleine vorgekochte Taschenkrebse von je etwa 375 g
1 mittelgrosse Guava, Apfel oder Quitte, geschält, geviertelt und entkernt
3 EL Erdnussöl
2 Schalotten, in dünne Scheiben geschnitten
2 Knoblauchzehen, fein zerschnitten
1 EL gelbe Bohnensauce
2 kleine getrocknete rote Chilis
1 TL fein gehackter frischer Ingwer
1 EL helle Sojasauce
3 Eier, verquirlt
2 EL fein geschnittene Frühlingszwiebeln
Salz, frisch gemahlener schwarzer Pfeffer

1 Die Krebse in einen grossen Topf mit kochendem Wasser geben und 5 Minuten ziehen lassen. Herausnehmen und abkühlen lassen.
2 Anschliessend die Krebse putzen (siehe Seite 151). Die Panzer ausspülen und bereithalten. Die Guava-, Apfel- oder Quittenviertel quer in dünne Scheiben schneiden und in eine Schüssel mit leicht gesalzenem Wasser legen.
3 Das Öl im Wok erhitzen. Die Schalotten, den Knoblauch, die gelbe Bohnensauce, die Chilis und den Ingwer zufügen und 2 Minuten pfannenrühren. Die abgetropften Obstscheiben einstreuen und weitere 2 Minuten pfannenrühren.
4 Die Sojasauce zufügen und den Deckel auflegen. Auf kleiner Flamme 2 Minuten garen. Anschliessend die verquirlten Eier und die Frühlingszwiebeln einrühren. Die Masse abschmecken und unter ständigem Rühren 1 bis 2 Minuten garen.
5 Das Krebsfleisch in die Panzer verteilen und mit der Eimischung bedecken. Die gefüllten Krebse auf ein Backblech setzen und in einem auf 180 °C vorgeheizten Ofen 10 bis 15 Minuten backen, bis sich die Oberfläche zu bräunen beginnt. Nach Belieben noch unter dem heissen Grill kräftiger bräunen.

JUI JIN JEUN HO HAI

Fritierte Soft-Shell Crab (China)

Soft-Shell Crabs (kleine Blaukrabben, die sich gerade gehäutet haben) sind eine Delikatesse. Kaufen Sie tiefgefrorene, weil diese vor dem Gefrieren gründlich gesäubert wurden. Für 2 Personen als Hauptgericht oder für 4 Personen mit 2 weiteren Gerichten.

4 tiefgefrorene Soft-Shell Crabs, aufgetaut und abgespült
1 Eigelb, verquirlt
1 EL Speisestärke, angerührt mit 2 EL Wasser
etwa 300 ml Öl zum Fritieren
2 TL fein gehackter Knoblauch
1 grosse rote Chili, entkernt und fein gehackt oder ½ TL getrocknete Chiliflocken
1 TL helle Sojasauce

Für die Marinade
je ½ TL Salz und frisch gemahlener weisser Pfeffer
1 TL Zucker
2 EL Shaohsing-Wein (siehe Seite 29) oder trockener Sherry

1 Die Zutaten für die Marinade verquirlen, die Krabben darin wenden und 10 Minuten marinieren.
2 Die Krabben herausnehmen. Die Marinade bereithalten. Die Krabben mit dem verquirlten Eigelb bestreichen, mit der Speisestärke bestäuben und einige Minuten ruhen lassen.
3 Den Wok erhitzen. Das Öl hineingiessen und auf etwa 160 °C erhitzen. Die Krabben 1 Minute fritieren, herausnehmen, dann zurück ins heisse Öl geben und 3 bis 4 Minuten goldbraun backen.
4 Die Krabben mit einem Sieblöffel aus dem Wok heben und auf einem Teller abtropfen lassen. Das Öl aus dem Wok giessen.
5 Den Wok auf eine mittlere Flamme zurücksetzen. Den Knoblauch und den Chili einstreuen und einige Sekunden pfannenrühren. Die Sojasauce und die bereitgehaltene Marinade zugiessen und einige Minuten rühren. Die Krabben zurück in den Wok geben und in der Sauce wenden.

HOY LAI PHAD NAM PRIK PHAO

Venusmuscheln mit Basilikum (Thailand)

In Thailand gibt es mindestens drei Arten von Basilikum. Für dieses Gericht eignen sich alle drei oder auch das gewöhnliche Basilikum. Abbildung auf Seite 111.

1 kg Venusmuscheln, in kaltem Wasser eingeweicht
3 EL Erdnussöl
3 Schalotten, in feine Scheiben geschnitten
3 Knoblauchzehen, fein gehackt
2 grosse grüne Chilis, entkernt und schräg in je 3 Stücke geschnitten
1 TL Chilisauce (siehe Seite 28), nach Belieben
1 EL Fischsauce (Nam Pla, siehe Seite 28)
1 Handvoll Thai-Basilikum (siehe Seite 26)
2 frische rote Chilis, entkernt und gewürfelt

1 Die Muscheln gründlich abbürsten und unter fliessendem kaltem Wasser abspülen. Alle entfernen, deren Schalen beschädigt sind oder die sich beim leichten Beklopfen nicht schliessen.
2 Das Öl in einer grossen Pfanne erhitzen. Schalotten, Knoblauch und die grünen Chilis 1 Minute pfannenrühren. Die Chilisauce und die Muscheln zugeben. Über verstärkter Hitze 4 Minuten pfannenrühren, bis sich die Muscheln geöffnet haben. Alle Muscheln entfernen, die sich dabei nicht geöffnet haben.
3 Die Fischsauce und den grössten Teil des Basilikums einrühren. Mit dem restlichen Basilikum und den roten Chilis garnieren und servieren.

DHALLO BADUN

Tintenfischcurry (Sri Lanka)

In Asien schmort man Gerichte gern stundenlang, besonders Currys. Denn Currysaucen müssen langsam eingekocht werden. Das verbessert ihren Geschmack und lässt sie appetitlicher aussehen. Als Hauptgericht für 6 bis 8 Personen mit gekochtem Reis oder einem Reis-Pilaw und zwei weiteren Gerichten.

1 kg kleine Tintenfische, geputzt (siehe Seite 150) und in dünne Ringe geschnitten, Tentakeln in 5 cm lange Abschnitte geschnitten
175 ml Erdnussöl zum Braten
6 Schalotten oder 1 grosse Zwiebel, in feine Streifen geschnitten
4 Knoblauchzehen, fein gehackt
2 TL fein gehackter frischer Ingwer
1 Stengel Zitronengras, in 3 Stücke geschnitten
5 frische oder getrocknete Curryblätter (siehe Seite 26), nach Belieben
½–1 TL Cayennepfeffer
1 kleine Zimtstange
1 TL gemahlener Koriander
½ TL gemahlener Kreuzkümmel
½ TL Bockshornkleesamen
½ TL Fenchelsamen
2 Gewürznelken
2 grüne Kardamomkapseln
60 ml heisses Wasser
2 EL weisser Branntweinessig
Salz, frisch gemahlener schwarzer Pfeffer
600 ml Kokosmilch (siehe Seite 141)

1 Die Tintenfischringe und Tentakelstücke unter fliessendem kaltem Wasser abspülen. Anschliessend in einem Sieb gründlich abtropfen lassen.
2 In einem Topf 3 El Öl erhitzen. Die Schalotten oder Zwiebeln einstreuen und unter Rühren leicht anbräunen. Knoblauch, Ingwer, Zitronengras, Curryblätter und alle anderen Gewürze zufügen und 2 Minuten unter Rühren dünsten.
3 Das heisse Wasser und den Essig zugiessen. Die Sauce zum Kochen bringen und 5 Minuten kochen lassen. Die Kokosmilch einrühren und bis knapp unter den Siedepunkt erhitzen. Die Hitze reduzieren und die Sauce auf kleiner Flamme 1 Stunde sieden lassen. Falls nötig, nochmals abschmecken.
4 Das restliche Öl im Wok erhitzen. Den gut abgetropften Tintenfisch in 2 bis 3 Portionen nacheinander je 3 Minuten braten. Mit einem Sieblöffel herausheben, in die leise kochende Sauce geben und 2 Minuten darin ziehen lassen, dabei mehrmals umrühren. Anschliessend sofort servieren.

GEFLÜGEL

Die Haushühner stammen von den Dschungelhühnern aus Südostasien ab, die noch immer etwas vom unvorhersehbaren wilden Verhalten ihrer Stammeseltern an sich haben. Enten sind Zugvögel, die sowohl in China wie in Europa domestiziert wurden. In Gegenden wie Bali sind sie noch wirkliche Exoten.

Tsoi pe Tsa Ji Gai

Fritiertes knuspriges Hühnchen (China)
Dieses kantonesische Gericht wird ähnlich wie die Peking-Ente zubereitet (Rezept Seite 46). Die knusprige Haut ist hier allerdings das Resultat vom zweifachen Fritieren.

1 EL Fünf-Gewürz-Pulver (siehe Seite 27)
1 TL Salz
1 TL Zucker
1 Hühnchen von 1,5–1,75 kg, überbrüht mit kochendem Wasser (siehe Seite 152)
2 EL Reisessig (siehe Seite 29)
3 EL flüssiger Honig
etwa 1,25 l Speiseöl zum Fritieren
3 Frühlingszwiebeln, in je 3 Abschnitte geschnitten
3 dicke Scheiben geschälter Ingwer

1 Das Fünf-Gewürz-Pulver mit dem Salz und dem Zucker vermischen und damit das Hühnchen aussen und innen einreiben. Den Essig mit dem Honig verquirlen und die Haut des Hühnchens, damit bestreichen.
2 Das Hühnchen an einem Entenhaken (siehe Seite 152) befestigen und 2 bis 3 Stunden an einem luftigen Ort aufhängen.
3 Den Wok leer erhitzen. Das Öl in den heissen Wok giessen und auf 160 °C erhitzen. Die Frühlingszwiebeln und den Ingwer in die Bauchhöhle des Hühnchens füllen.
4 Das Hühnchen in den Wok legen und in etwa 8 Minuten von allen Seiten goldbraun anbraten. Herausnehmen und in einem Abtropfsieb abtropfen lassen.
5 Unmittelbar vor dem Servieren das Öl wieder erhitzen. Die Hühnchenhaut überall mit einer Gabel einstechen. Das Hühnchen ins Öl zurücklegen und etwa 10 Minuten fritieren, bis es durchgebraten und seine Haut gebräunter und knuspriger als vorher ist. Herausheben und auf Küchenpapier entfetten. Das Hühnchen vierteln und servieren.

Oseng Oseng Ayam Dengan Sayuran

Pfannengerührtes Hühnchen mit Gemüse (Indonesien)

Diese Art von pfannengerührtem Gericht – wenig Fleisch mit viel Gemüse – ist typisch für viele südostasiatische Länder, wo Fleisch teuer und Gemüse billig und im Überfluss vorhanden ist. Für 4 bis 6 Personen mit Reis. Abbildung auf Seite 73.

3 EL Erdnussöl
3 Schalotten, fein geschnitten
1 TL fein geschnittener Ingwer
1 grosse rote Chili, entkernt, in Ringe geschnitten
1 TL Palmzucker (siehe Seite 30) oder brauner Rohrzucker
1 TL Garnelenpaste (siehe Seite 31), nach Belieben
1 Hühnerfilet, in dicke Scheiben geschnitten
1 EL helle Sojasauce
6 EL heisses Wasser
175 g dünne Spargelstangen, Spitzen abgeschnitten und Stiele schräg halbiert
175 g kleine Champignons
175 g Mini-Maiskolben, längs halbiert
1 grosse gelbe Paprikaschote, entkernt und in 8–10 Streifen geschnitten
125 g Kaiserschoten (Kefen), schräg halbiert
Salz, frisch gemahlener schwarzer Pfeffer

1 Das Öl im Wok erhitzen. Schalotten, Ingwer und Chili darin 1 bis 2 Minuten pfannenrühren. Den Zucker und die Garnelenpaste einrühren.
2 Die Fleischscheiben zufügen und 3 bis 4 Minuten pfannenrühren. Die Sojasauce und das heisse Wasser zugiessen und 3 Minuten auf kleiner Flamme kochen lassen.
3 Die Spargelstiele, die Pilze und die Maiskolben unterheben. Die Hitze reduzieren und das Gemüse im geschlossenen Wok 3 Minuten dünsten.
4 Die Spargelspitzen, den gelben Paprika und die Kaiserschoten zufügen, 2 Minuten pfannenrühren und abschmecken. Weitere 2 Minuten pfannenrühren und anschliessend sofort servieren.

Kyet Thar Hin

Geflügelcurry mit Limetten (Burma)

Die Verwendung von Limetten weist darauf hin, dass dieses Gericht mehr mit den thailändischen als mit den indischen Currys verwandt ist.

3 EL Speiseöl
1 TL Sesamöl
3 mittelgrosse Zwiebeln, fein gewürfelt
2 Knoblauchzehen, gehackt
1 TL gemahlener Kurkuma
1 EL gemahlener Koriander
2 Zimtstangen
4 Gewürznelken
3 frische Kaffirlimettenblätter (siehe Seite 26)
je 4 Hühnerbrüste und -keulen, gehäutet und entbeint
3 EL Balachaung (Rezept Seite 132)
1 Stengel frisches Zitronengras, in 3 Stücke geschnitten
175 g Dosentomaten, zerschnitten
1 TL frisch gemahlener schwarzer Pfeffer
1 EL Fischsauce (siehe Seite 28)
Saft von 2 Limetten
Salz
Limettenachtel als Garnitur

1 Das Speiseöl mit dem Sesamöl in einer grossen Kasserolle vermischen und auf mittlerer Flamme erhitzen. Die Zwiebeln einstreuen und unter Rühren in 5 Minuten glasig dünsten.
2 Den Knoblauch, den gemahlenen Kurkuma und Koriander, die Zimtstangen, Gewürznelken und Limettenblätter einrühren. Die Hühnerstücke hineingeben und in der Mischung wenden.
3 Die Balachaung-Paste zufügen und 2 Minuten rühren. Das Zitronengras und die Tomaten hineingeben und zugedeckt 30 Minuten schmoren.
4 Den Deckel abheben und die Hitze etwas verstärken. Den schwarzen Pfeffer, die Fischsauce und den Limettensaft einrühren. Falls die Sauce zu dick ist, etwas heisses Wasser zugiessen.
5 Das Fleisch weitere 10 Minuten garen und mit Salz abschmecken. Den Curry sofort servieren oder aber so lange weiterschmoren, bis das Hühnerfleisch so weich ist, dass man es mit dem Löffel zerteilen kann. Dazu die geschlossene Kasserolle 20 Minuten in einen 160 °C heissen Ofen stellen. Danach die Temperatur auf 110 °C reduzieren und den Curry bis zu 1 Stunde länger garen.
7 Vor dem Servieren die Zimtstangen, die Gewürznelken, die Limettenblätter und das Zitronengras entfernen. Die Sauce leicht entfetten. Den Curry mit Limettenachteln garnieren.

Gaeng Ped Kai

Roter Geflügelcurry (Thailand)

In Thailand gibt es drei Arten von Currys: roten, grünen und Massaman. Die roten und grünen sind «City-Currys» im Gegensatz zu dem letzteren, einem «Dschungel-Curry», der viel schärfer ist. Servieren Sie gekochten Reis dazu.

750 g entbeinte Hühnerbrüste und -keulen, in 2 cm grosse Würfel geschnitten
1,25 l Kokosmilch (siehe Seite 141)
250 g kleine neue Kartoffeln

Für die Paste
4 Schalotten, fein gewürfelt
3 Knoblauchzehen, fein gehackt
5 cm frisches Zitronengras, nur das Innere, fein gehackt
2 cm frischer Galgant (siehe Seite 27), fein gehackt
1 TL abgeriebene Kaffirlimettenrinde (siehe Seite 22)
1 TL gemahlener schwarzer Pfeffer
1 TL Korianderkörner, geröstet (siehe Seite 155) und grob zerstossen
1 TL Kreuzkümmelsamen, geröstet und grob zerstossen
je 1/2 TL geriebene Muskatnuss und Muskatblüte
5 rote Chilis, entkernt und gehackt
1 rote Paprikaschote, entkernt und gewürfelt
1 TL Salz
1/2 TL Garnelenpaste (siehe Seite 31)
je 2 EL Wasser und Speiseöl
2 EL Tamarindenwasser (siehe Seite 101)

Für die Garnitur
1 EL gehackte rote Chilis
1 EL fein geschnittenes Koriandergrün
2 EL geröstete Erdnüsse, grob gehackt

1 Alle Zutaten für die Paste so fein wie möglich pürieren. Die Paste in einen grossen Schmortopf geben und 4 Minuten unter Rühren andünsten.
2 Die Hühnerfleischwürfel hineingeben und in der Sauce wenden. Zugedeckt auf kleiner Flamme 4 Minuten schmoren. Die Kokosmilch zugiessen und auf kleiner Flamme unter häufigem Rühren 30 Minuten kochen lassen. Danach abschmecken.
3 Die Kartoffeln beigeben und 10 bis 15 Minuten weich garen. Den Curry mit Chilis, Koriandergrün und gehackten Erdnüssen garniert servieren.

Pipian

Hühner- und Schweinefleisch in Erdnusssauce (Philippinen)

Normalerweise wird Pipian als dicker Reismehlbrei mit Fleisch und Erdnussbutter serviert. Hier eine leichtere Variante einer Erdnusssauce. Für 8 bis 10 Personen mit gekochtem Reis.

1 Huhn von etwa 1,5 kg, längs halbiert
1 kg Schweinehaxe in einem Stück ohne Schwarte
500 g roher Schinken ohne Fettrand
1 grosse Zwiebel, halbiert
4 Knoblauchzehen
2,5 l Wasser

Für die Erdnusssauce
3 EL Speiseöl
4 Schalotten, in feine Streifen geschnitten
3 Knoblauchzehen, in feine Scheiben geschnitten
2 TL Paprika
1/2 TL gemahlener Kurkuma
1/2 TL frisch gemahlener weisser Pfeffer
125 g Erdnüsse, geröstet und gemahlen
2 EL Tamarindenwasser (siehe Seite 101) oder Zitronensaft
Salz

1 Das Hühner- und Schweinefleisch sowie den Schinken zusammen mit Zwiebel und Knoblauch im Wasser zum Kochen bringen und auf kleiner Flamme 1 bis 1 1/4 Stunden kochen lassen.
2 Das Fleisch aus der Brühe heben und abkühlen lassen. 600 ml Brühe durch ein Sieb giessen und abschäumen.
3 Das Hühnerfleisch in grossen Stücken von den Knochen lösen, das Fett vom Schweinefleisch und vom Schinken entfernen. Das gesamte Fleisch in sehr dünne Scheiben schneiden und bereithalten.
4 Für die Sauce das Öl im Wok erhitzen. Schalotten und Knoblauch einstreuen und unter ständigem Rühren 2 Minuten dünsten. Danach den Paprika, den Kurkuma und den Pfeffer einrühren.
5 Die Brühe zugiessen, zum Kochen bringen und auf kleiner Flamme 2 Minuten kochen lassen. Die gemahlenen Erdnüsse einrühren und 5 Minuten kochen. Das Tamarindenwasser oder den Zitronensaft zugiessen und die Sauce abschmecken.
6 Das Fleisch in der Sauce kurz wieder erwärmen und sofort servieren, oder das Fleisch kalt servieren und die Sauce getrennt dazu reichen.

Dui Ga Nhoi Thit

Gefüllte Hühnerkeulen (Vietnam)

Traditionsgemäss wird für dieses Gericht ein ganzes Huhn gefüllt. Für diese vereinfachte Variante werden nur die Hühnerkeulen verwendet. Heiss als Hauptgericht oder kalt aufgeschnitten als Vorspeise servieren mit Nuoc Cham als Dip-Sauce (Rezept Seite 128).

4 grosse Hühnerkeulen, entbeint (siehe Seite 152)
Saft von 1/2 Zitrone
Salz, frisch gemahlener schwarzer Pfeffer
2 EL Speiseöl oder Butterschmalz

Für die Füllung
2 entbeinte und gehäutete Hühnerkeulen, fein gehackt
175 g Schweinefilet, fein gehackt
2 grosse rote Chilis, entkernt und gehackt
3 Schalotten, gehackt
2 Knoblauchzehen, gehackt
2 Stengel frisches Zitronengras, nur das Innere, fein gehackt
1 TL Zucker
2 EL Fischsauce (Nuoc Mam, siehe Seite 28)
2 EL Speiseöl
30 g Wolkenohren, eingeweicht (siehe Seite 155)
60 g Glasnudeln (siehe Seite 25), 5 Minuten in heissem Wasser eingeweicht und abgetropft

1 Die entbeinten Keulen in eine Schüssel legen und mit Zitronensaft, Salz und Pfeffer einreiben. Zugedeckt in den Kühlschrank stellen, während man die Füllung zubereitet.
2 Für die Füllung das gehackte Hühner- und Schweinefleisch im Universalzerkleinerer einige Sekunden mischen. In eine Schüssel umfüllen.
3 Die restlichen Zutaten für die Füllung bis auf die Wolkenohren und die Nudeln im Universalzerkleinerer zu einer Paste zerkleinern. Mit dem Fleisch vermischen.
4 Die Wolkenohren in dünne Streifen schneiden und die Nudeln mit der Schere in kleine Abschnitte schneiden. Beides mit dem Fleisch zu einer Farce vermischen.
5 Eine Geschmacksprobe von der Farce machen. Dazu einen Teelöffelvoll Farce in etwas heissem Öl anbraten und probieren, ob sie ausreichend gewürzt ist. Falls nötig, die rohe Farce noch mit etwas Salz und Pfeffer abschmecken.
6 Mit einem Löffel die entbeinten Keulen mit der Farce füllen. Sorgfältig arbeiten, so dass das Fleisch und die Haut über die Füllung geschlagen werden können, damit sie beim Braten nicht herausfällt.
7 Die gefüllten Keulen in eine ofenfeste Form legen und mit dem restlichen Öl bestreichen. Im 160 °C heissen Ofen 45 bis 50 Minuten braten. Danach die Keulen in dicke Scheiben aufschneiden und heiss oder kalt servieren.

Dhansak

Geschmorte Hühnerkeulen mit Linsen (Indien)

Das ist die etwas vereinfachte Variante eines grossartigen parsischen Gerichts. Es wird gewöhnlich nur mit Reis serviert.

2 EL Speiseöl
1 TL Kreuzkümmel
1 Zwiebel, in feine Streifen geschnitten
8 entbeinte und gehäutete Hühnerkeulen
1 TL fein gehackter Ingwer
6 Knoblauchzehen
1 Aubergine, in grosse Würfel geschnitten
2 EL fein geschnittene Bockshornkleeblätter (siehe Seite 26), nach Belieben
1 1/2 TL Salz
1/4 TL gemahlener schwarzer Pfeffer
1 TL Garam-Masala (siehe Seite 156)

Für die Linsen
2 TL gemahlener Koriander
1/2 TL gemahlener Kreuzkümmel
1/2 TL Cayennepfeffer
1/2 TL Senfpulver
1/4 TL Bockshornkleesamen, gemahlen
1/2 TL gemahlener Kurkuma
125 g grüne Linsen, kalt gespült
600 ml kaltes Wasser
1 Kartoffel, geschält und in 8 Stücke geschnitten

1 Alle Zutaten für das Linsengemüse in einen grossen Topf geben. Zum Kochen bringen und zugedeckt auf kleiner Flamme 20 Minuten kochen lassen. Den Topf vom Feuer nehmen und Linsen und Kartoffeln mit einem Kochlöffel grob zerdrücken.
2 Das Öl in einem zweiten Topf erhitzen. Den Kreuzkümmel und die Zwiebeln einstreuen und unter Rühren 2 bis 3 Minuten andünsten. Die Hühnerkeulen und den Ingwer zufügen und 2 Minuten anbraten.
3 Den Knoblauch, die Aubergine, die Bockshornkleeblätter sowie Salz und Pfeffer zufügen. Zugedeckt 20 Minuten schmoren. Danach die Linsen einrühren und 5 Minuten weiterschmoren. Mit Garam-Masala und, falls nötig, noch mit etwas Salz abschmecken. Den Dhansak in eine Servierschüssel füllen und sofort auftragen.

Sze Chuan Jar Gai

Pfannengerührtes Szechuan-Hühnchen (China)

Dieses Gericht aus Szechuan wird üblicherweise mit roten und grünen Chilis gewürzt. Ich nehme rote Chilis und grünen Paprika, damit es milder wird. Mit Reis servieren.

4 Hühnerkeulen mit Haut, entbeint und in 2 cm grosse Würfel geschnitten
1 kleines Eiweiss
1 EL Speisestärke
1 EL dunkle Sojasauce
125 ml Speiseöl
3 grosse rote Chilis, entkernt und in 1 cm grosse Stücke geschnitten
1–2 EL zerdrückter Knoblauch
1 grosse grüne Paprikaschote, entkernt und in 1 cm grosse Würfel geschnitten
1 Handvoll glattblättrige Petersilie
2 EL Reiswein (siehe Seite 29) oder Sherry medium dry
1 TL Sesamöl

Für die Sauce
2 EL helle Sojasauce
½ TL Salz
1 TL Zucker
¼ TL Cayennepfeffer oder schwarzer Pfeffer
2 TL Reisessig (siehe Seite 29)
1 TL Speisestärke
2 EL kaltes Wasser

1 Das gewürfelte Hühnerfleisch zusammen mit dem verquirlten Eiweiss, der Speisestärke und der dunklen Sojasauce gut vermischen und kühl gestellt 20 Minuten ruhen lassen.
2 Alle Saucenzutaten in einem Schälchen verquirlen. Den Wok auf grosser Flamme leer erhitzen. Das Öl zufügen und stark erhitzen.
3 Die Hühnerfleischwürfel in 2 Portionen nacheinander hineingeben und je 2 Minuten pfannenrühren. Mit einem Sieblöffel herausheben und auf einen Teller legen.
4 Die Chilis ins heisse Öl geben und 2 Minuten pfannenrühren. Mit dem Sieblöffel herausheben und über das Hühnerfleisch streuen. Vorsichtig das Öl bis auf etwa 3 Esslöffel aus dem Wok giessen.
5 Das Öl im Wok wieder erhitzen. Darin den Knoblauch einige Sekunden unter ständigem Rühren andünsten. Den grünen Paprika einstreuen und 1 Minute pfannenrühren. Danach die Petersilie und die Hühnerfleischwürfel samt den Chilis zufügen.
6 Über grosser Hitze mit dem Wein oder Sherry ablöschen. Die angerührten Saucenzutaten zugiessen, eine Minute pfannenrühren und mit dem Sesamöl beträufeln. Sofort servieren.

Hühnerkeulen, im Gelenk geteilt

Sesamöl
Reiswein
Helle
Sojasauce
Salz
Zucker
Cayenne-
pfeffer
Reisessig
Glattblättrige
Petersilie

Murgh Salar Jung

Huhn in Cashew- und Kokosnusssauce (Indien)

4 Hühnerbrüste ohne Knochen und Haut
120 ml Speiseöl
3 grosse Zwiebeln, in feine Streifen geschnitten
400 ml Kokosmilch (siehe Seite 141)
2 EL Serundeng (Rezept Seite 133) als Garnitur

Für die Marinade
300 ml Naturjoghurt, verquirlt
je 1/4 TL gemahlene Gewürznelken und Zimt
1/2 TL Salz
1/2 TL Safranfäden, 15 Minuten in 3 EL warmer Milch eingeweicht

Für die Paste
2 TL weisse Mohnsamen (siehe Seite 23), grob zerstossen
10 Cashewnüsse, gehackt
2 Schalotten, gewürfelt
3 TL fein gehackter Ingwer
1 TL fein gehackter Knoblauch
2–3 getrocknete rote Chilis, gehackt
1 TL Korianderkörner, geröstet (siehe Seite 155) und grob zerstossen
1/2 TL Kreuzkümmel, geröstet (siehe Seite 155), grob zerstossen
2 grüne Kardamomkapseln, grob zerstossen
1 TL Fenchel, grob zerstossen
6 schwarze Pfefferkörner, grob zerstossen
1/2 TL Salz
3 EL Speiseöl
125 ml heisses Wasser

1 Alle Zutaten für die Marinade in einer Schüssel vermischen. Das Hühnerfleisch hineinlegen und 4 Stunden oder über Nacht im Kühlschrank marinieren.
2 Die Zutaten für die Paste im Mixer so glatt wie möglich pürieren.
3 Das Öl im Wok erhitzen und darin die Zwiebeln gut anbräunen. Die Hälfte der Zwiebeln mit einem Sieblöffel herausheben und in einen grossen Topf geben, die restlichen auf Küchenpapier entfetten.
4 Die Zwiebeln im Topf wieder erhitzen. Die Pastenmischung einrühren und zum Kochen bringen. Auf kleiner Flamme unter ständigem Rühren 6 bis 8 Minuten kochen lassen.
5 Die Fleischwürfel samt der Marinade in den Topf schütten. In der Sauce wenden und 10 Minuten schmoren. Danach die Kokosmilch einrühren.
6 Zum Kochen bringen und auf mittlerer Flamme 25 bis 30 Minuten kochen lassen. Abschmecken, in eine Servierschüssel füllen und mit Serundeng sowie den bereitgehaltenen braunen Zwiebeln bestreuen. Sofort servieren.

Ayam Goreng Jawa

Javanisches Hühnchen (Indonesien)

Wenn Sie das Hühnchen nicht fritieren wollen, servieren Sie es nach Schritt 3. Es schmeckt dann genauso gut. Reichen Sie Reis und ein Gemüse dazu, z. B. Orak-arik (Rezept Seite 113).

600 ml Kokosmilch (siehe Seite 141)
1 Hühnchen von etwa 1,75 kg, in 8–10 Stücke geschnitten (siehe Seite 153)
Salz
etwa 600 ml Speiseöl zum Fritieren

Für die Paste
6 Schalotten, gewürfelt
1 TL gemahlener Koriander
3 Candle Nuts (siehe Seite 22) oder 5 geschälte Mandeln, gehackt
1 grosse rote Chili, entkernt und gehackt
1/4 TL gemahlener Kurkuma
1 cm Galgant (siehe Seite 27), geschält und gehackt
5 cm frisches Zitronengras, nur das Innere, gehackt
1 TL Salz
1 TL Palmzucker (siehe Seite 30) oder brauner Rohrzucker

1 Alle Zutaten für die Paste und zusätzlich 90 ml von der Kokosmilch im Mixer zu einem glatten Püree mischen. Das Püree in einen grossen Topf schütten und unter Rühren 6 Minuten auf kleiner Flamme kochen lassen.
2 Das Hühnerfleisch in den Topf geben und in der Sauce wenden. Die restliche Kokosmilch zugiessen und zum Kochen bringen.
3 Über reduzierter Hitze im offenen Topf 1 Stunde kochen lassen, bis alle Flüssigkeit verkocht ist. Abschmecken und servieren oder abkühlen lassen.
4 Das Öl in einem grossen Wok erhitzen. Die kalten Hühnerfleischstücke in 2 Portionen nacheinander hineingeben und 10 bis 12 Minuten fritieren, bis die Haut braun und knusprig ist. Heiss oder kalt servieren.

Bebek Betutu

Geschmorte balinesische Ente (Indonesien)

Statt der in Bali üblichen Kassavablätter verwende ich in diesem Rezept zwar Blattspinat, aber die traditionellen balinesischen Gewürze. Für 4 bis 6 Personen mit Reis.

175–250 g Spinat, 2 Minuten in kochendem Wasser blanchiert, ausgedrückt und zerschnitten
1 Ente von 1,75–2 kg

Für die Paste
5 Schalotten oder 2 Zwiebeln, gewürfelt
4 Knoblauchzehen, gehackt
5 rote Chilis, entkernt und gehackt
2 Candle Nuts (siehe Seite 22) oder Macadamianüsse, gehackt, nach Belieben
2 TL Korianderkörner, grob zerstossen
1 TL Kreuzkümmel, grob zerstossen
2 Gewürznelken, grob zerstossen
2 grüne Kardamomkapseln, grob zerstossen
2,5 cm Zimstange, grob zerstossen
1/4 TL geriebene Muskatnuss
1/2 TL gemahlener Kurkuma
1/4 TL gemahlener weisser Pfeffer
1 cm Galgant (siehe Seite 27), geschält und gehackt
5 cm frisches Zitronengras, nur das Innere gehackt
1 TL Garnelenpaste (siehe Seite 31)
3 EL Tamarindenwasser (siehe Seite 101) oder Limettensaft
je 2 EL Erdnussöl und Wasser
1 TL Salz

1 Alle Zutaten für die Paste im Mixer zu einem möglichst glatten Püree vermischen. In einen Topf schütten und unter ständigem Rühren auf kleiner Flamme 6 bis 8 Minuten dünsten. Abschmecken und in einer Glasschüssel abkühlen lassen.
2 Eine Hälfte der abgekühlten Paste mit den Spinatblättern vermischen. Mit der restlichen Paste die Ente innen und aussen bestreichen. Die Ente mit dem Spinat füllen und lose in 2 bis 3 Lagen Aluminiumfolie einschlagen. Die Folie über der Ente fest zusammenkneifen.
3 Die Ente in einen Bräter setzen, in die Mitte eines auf 160 °C vorgeheizten Ofens stellen und 2 Stunden braten. Danach die Temperatur auf 120 °C reduzieren und die Ente weitere 3 bis 4 Stunden garen.
4 Die Ente aus der Folie nehmen und in eine grosse Schüssel legen. Mit einem Löffel das Fett vom Bratensaft abschöpfen. Für die Sauce den Bratensaft in einen kleinen Topf giessen und die Füllung der Ente einrühren.
5 Die Ente zerlegen. Das Fleisch auf eine vorgewärmte Platte legen und mit der Sauce überziehen. Die Sauce kann auch getrennt dazu gereicht werden.

Hak Tjin Tjan Nah Hiu

Pfannengerührte Entenbrust mit schwarzem Pfeffer (China)

Pfannengerührtes Fleisch gewinnt durch vorheriges Marinieren. Das Braten in reichlich heissem Öl macht das Entenfleisch sehr weich.

4 Entenbrüste, quer in je 6 dünne Scheiben geschnitten
125 ml Speiseöl
8 Frühlingszwiebeln, in je 3 Stücke geschnitten
2 EL Shaosing-Wein (siehe Seite 29) oder trockener Sherry
1 EL dunkle Sojasauce
Salz, frisch gemahlener schwarzer Pfeffer

Für die Marinade
1 EL helle Sojasauce
1 EL Shaosing-Wein oder trockener Sherry
1 TL Ingwersaft (siehe Seite 155)
1/2 TL Chiliöl
1/4 TL gemahlener schwarzer Pfeffer

1 Alle Zutaten für die Marinade in einer grossen Schüssel verrühren. Die Entenbruststreifen hineinlegen und in der Marinade wenden. Kühl gestellt 2 bis 3 Stunden marinieren.
2 Den Wok leer erhitzen. Dann erst das Öl hineingiessen. Wenn das Öl sehr heiss ist, die Entenbruststreifen hineingeben und 2 Minuten pfannenrühren. Mit einem Sieblöffel aus dem Wok heben und auf einen Teller legen.
3 Das Öl bis auf einen Esslöffel vorsichtig aus dem Wok giessen. Das restliche Öl im Wok erhitzen und darin die Frühlingszwiebeln 30 Sekunden pfannenrühren. Danach die Entenbruststreifen wieder hineingeben.
4 Das Fleisch mit Wein oder Sherry beträufeln und flambieren. Nach dem Erlöschen der Flammen die Sojasauce zugiessen und die Sauce mit Salz und Pfeffer abschmecken. Nochmals 30 Sekunden pfannenrühren und sofort servieren.

Kalio Bebek

Ente in Kokosnusssauce (Indonesien)

In anderen asiatischen Ländern ist Kalio unter der Bezeichnung «indonesischer Curry» bekannt. Es ist jedoch kein echter Curry, da nicht alle Gewürze verwendet werden, die üblicherweise in eine Currypaste gehören.

1 Ente von etwa 2 kg, entfettet und in 8–10 Portionsstücke geschnitten (siehe Seite 153)
2 EL weisser Branntweinessig
2 l kochendes Wasser
2 l Kokosmilch (siehe Seite 141)
5 Schalotten, fein gewürfelt
4 Knoblauchzehen, fein gehackt
2–6 grosse rote Chilis, entkernt, fein gehackt
½–1 TL Cayennepfeffer, nach Belieben
2 TL fein gehackter Ingwer
1 TL gemahlener Kurkuma
2 cm Galgant (siehe Seite 27)
1 Stengel frisches Zitronengras, quer halbiert
2 TL Salz
frisch gemahlener schwarzer Pfeffer

1 Die Entenstücke kalt abspülen und in eine Schüssel legen. Mit dem Essig einreiben, danach mit dem kochenden Wasser überbrühen und 5 Minuten ruhen lassen. (Der Essig vertreibt den Federgeruch und das kochende Wasser schmilzt die Fettschicht unter der Haut). Die Ente in einem Abtropfsieb abtropfen lassen.
2 Die restlichen Zutaten in einem grossen Topf vermischen und die Ente hineinlegen. Zum Kochen bringen und die Hitze reduzieren, so dass die Kokosmilch nur kleine Blasen wirft.
3 Im offenen Topf 1½ Stunden sieden lassen, dabei oft umrühren, bis die Sauce ziemlich dick eingekocht und das Fleisch weich ist. Nochmals abschmecken und vor dem Servieren Galgant und Zitronengras entfernen.

Batakh Vindaloo

Entencurry (Indien)

Dies ist eine Variante des klassischen Schweinefleisch-Vindaloo aus Goa. Mit Reis servieren.

4–6 Entenbrüste, gehäutet und quer in je 5 Stücke geschnitten
6 EL Speiseöl
2 grosse rote Zwiebeln, in dünne Scheiben geschnitten
125 ml heisses Wasser
Salz, frisch gemahlener schwarzer Pfeffer

Für die Marinade
3 EL Rotweinessig
1/2 TL Cayennepfeffer
1/2 TL Salz

Für die Paste
3 Schalotten, gewürfelt
5–8 Knoblauchzehen, gehackt
1 cm Ingwerwurzel, geschält und gehackt
4–8 grosse rote Chilis, entkernt und gehackt
1 rote Paprikaschote, entkernt und gehackt
1 TL Kreuzkümmel, grob zerstossen
2 TL Korianderkörner, grob zerstossen
1 cm Zimtstange, grob zerstossen
2 Gewürznelken, grob zerstossen
1 TL Palmzucker (siehe Seite 30) oder brauner Rohrzucker
2 EL Speiseöl
1 EL weisser Branntweinessig
2 EL Tamarindenwasser (siehe Seite 101)

1 Für die Marinade alle Zutaten vermischen. Die Entenbrust in eine Schüssel legen, mit der Marinade übergiessen, das Fleisch gründlich damit einreiben und 10 Minuten marinieren.
2 Alle Zutaten für die Paste im Mixer zu einem möglichst glatten Püree verarbeiten.
3 Das Öl im Wok erhitzen. Die Zwiebeln unter Rühren 6 bis 8 Minuten anbräunen. Herausheben und in einen grossen Schmortopf geben.
4 Die Hälfte der Entenbruststreifen in den Wok geben und unter ständigem Rühren 3 Minuten anbraten. Herausheben und in eine Schüssel legen. Danach die restlichen Streifen anbraten.
5 Die Zwiebeln im Schmortopf wieder erhitzen. Die Pastenmischung zufügen und unter Rühren 8 Minuten dünsten.
6 Die Fleischstreifen samt ihrem Bratensaft in den Topf geben und in der Sauce wenden. Das heisse Wasser zugiessen und zum Kochen bringen. Das Fleisch zugedeckt 40 Minuten auf kleiner Flamme schmoren und 10 bis 15 Minuten im offenen Topf weitergaren. Abschmecken und servieren.

Sech Tea Ang-Krueng

Marinierte, gegrillte Entenbrust (Kambodscha)

Rosine Ek, die Patronne von «Chez Rosine Cuisine du Cambodge» in Paris, gab mir das folgende Rezept. Man kann dafür auch Rind-, Lamm- oder Schweinefleisch verwenden, doch ich ziehe Entenbrust vor. Mit Reis und einem grünen Salat oder einer Platte mit rohem Gemüse servieren.

4 Entenbrüste

Für die Marinade
2 TL fein gehacktes Zitronengras, nur das Innere
1 Knoblauchzehe, fein gehackt
2 Schalotten, fein gewürfelt
2 TL dunkle Sojasauce
1/2 TL frisch gemahlener schwarzer Pfeffer
2 TL Fischsauce (Nuoc Mam, siehe Seite 28)
2 EL Kokosmilch (siehe Seite 141)

Für die Sauce
125 ml Wasser
2 TL Fischsauce (Nuoc Mam)
1 EL weisser Branntweinessig
1/2 TL Zucker
2–3 EL geröstete Erdnüsse, gemahlen
4 EL Kokosmilch (siehe Seite 141)
Salz

1 Die Zutaten für die Marinade verrühren. Die Entenbrüste hineinlegen und 2 Stunden oder über Nacht im Kühlschrank marinieren.
2 Für die Sauce das Wasser, die Fischsauce, den Essig und den Zucker in einem mittelgrossen Topf vermischen. Zum Kochen bringen und 5 Minuten auf kleiner Flamme kochen lassen. Vom Feuer nehmen und bereithalten.
3 Die Entenbrüste aus der Marinade nehmen und auf einen Rost in einen Bräter setzen. Im 180 °C heissen Ofen 20 bis 25 Minuten braten, dabei einmal wenden. Danach unter dem heissen Grill schön bräunen.
4 Jede Entenbrust diagonal in 4 Scheiben schneiden und auf eine Servierplatte legen. Die Sauce nochmals aufkochen und die gemahlenen Erdnüsse einrühren. Die Kokosmilch zugiessen und die Sauce 2 Minuten auf kleiner Flamme kochen lassen. Abschmecken und über die Entenbrustscheiben giessen. Sofort servieren.

CHINA

Der Einteilung der Nahrungsmittel im alten China in «kalt» und «warm» liegt die Philosophie von Yin und Yang zugrunde. Beide müssen ausgeglichen sein, wenn ein Mahl gut, gesund und vom Geist her «richtig» sein soll. Selbst die Farben der klassischen Gerichte verdeutlichen, welches kraftvoll und energisch und welches distanziert und zurückhaltend ist.

HOJAN HSIN TAIJI
Pfannengerührte Jakobsmuscheln in Austernsauce (Rezept Seite 79)

CHAR SIU PAAIH GWAT
Spare Ribs in Barbecue-Sauce (Rezept Seite 102)

HAHNG YAHN DAUH FUH
Mandelgelee
(Rezept Seite 137)

LO HAN CHAI
Buddhas Entzücken
(Rezept Seite 115)

FLEISCH

Erst seit kurzem züchtet man in Asien Tiere wegen des Fleisches. Frischfleisch, das Festtagen vorbehalten war, war meist recht zäh. Aus diesem Grunde wurden die asiatischen Hausfrauen Expertinnen in der vielfältigen Zubereitung von Fleischgerichten. Sie schnitten das Fleisch klein, legten es in Marinaden, fügten Kräuter und Gewürze hinzu oder schmorten es in Kokosmilch, um es weich und aromatisch zu machen. Ich habe die traditionellen Würzen dieser Gerichte beibehalten, aber die Rezepte auf die heutige bessere Fleischqualität abgestimmt.

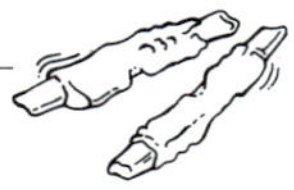

Char Siu

Geröstete Schweinefleischstreifen (China)

Das ist ein klassisches kantonesisches Gericht. Es kann warm serviert oder kalt in Scheiben geschnitten und mit pfannengerührtem Gemüse, gebratenem Reis und Nudeln vermischt werden.

1 kg durchwachsenes Schweinefleisch aus der Schulter oder Keule, in 4 Scheiben geschnitten
2 EL flüssiger Honig

Für die Marinade
2 EL Zucker
1 EL helle Sojasauce
2 EL gelbe Bohnensauce
2 EL Hoisin-Sauce
1 EL Austernsauce, nach Belieben
1 TL Fünf-Gewürz-Pulver (siehe Seite 27)
1 EL Shaosing-Wein (siehe Seite 29) oder trockener Sherry
1 TL Salz

1 Die Zutaten für die Marinade in einer Glasschale verquirlen. Das Fleisch zufügen und mit der Marinade einreiben. Etwa 4 bis 5 Stunden marinieren, dabei mehrmals in der Marinade wenden.
2 Die Fleischscheiben aus der Marinade heben und nebeneinander auf einen Bratrost legen. Den Rost über einen Bräter setzen, der zur Hälfte mit kaltem Wasser gefüllt ist.
3 Das Fleisch im 190 °C heissen Ofen 30 Minuten braten. Herausnehmen und die Fleischstreifen nochmals in der Marinade wenden.
4 Das Fleisch auf dem Rost zurück in den Ofen geben. Die Temperatur auf 180 °C reduzieren und das Fleisch weitere 30 bis 35 Minuten braten. Danach auf eine Servierplatte legen, mit dem Honig bestreichen und in dünne Scheiben aufschneiden. Sofort servieren.

Moo Wan

Karamelisiertes Schweinefleisch mit Ringelblumenblüten (Thailand)

Oft ist ein Gericht, das einfach zuzubereiten ist, besonders beliebt. Hier bekommt das Fleisch durch das Würzen mit Kapi, der thailändischen Garnelenpaste, seinen authentischen Geschmack.

500 g Schweinefilet, mundgerecht geschnitten
1 EL dunkle Sojasauce
¼ TL Salz
2 EL Erdnussöl
1 Zwiebel, fein gewürfelt
2 EL Palmzucker (siehe Seite 30) oder brauner Rohrzucker
2 EL Fischsauce (Nam Pla, siehe Seite 28)
1 EL helle Sojasauce
½ TL weisser Pfeffer
¼ TL frisch gemahlener schwarzer Pfeffer
8 EL heisses Wasser
1 TL Garnelenpaste (siehe Seite 31)
2 EL fein geschnittenes Koriandergrün
1 Handvoll frische Blütenblätter von Ringelblumen (siehe Seite 22) als Garnitur

1 Das Fleisch in eine Glasschüssel legen, mit der dunklen Sojasauce und etwas Salz einreiben und bereithalten.
2 Das Öl im Wok erhitzen. Die Zwiebeln darin glasig dünsten. Den Zucker und die Fischsauce zufügen und rühren, bis der Zucker karamelisiert.
3 Das Fleisch hineingeben und 3 Minuten pfannenrühren. Danach die helle Sojasauce, den weissen und schwarzen Pfeffer und das heisse Wasser zufügen.
4 Die Garnelenpaste einrühren und weitere bis 2 Minuten pfannenrühren. Abschmecken und mit dem Koriandergrün und den Blütenblättern bestreuen.

Pad Som Sin Moo

Schweinefleisch in Kokosmilch mit süsssauren Zwiebelchen (Laos)

Wie ihre thailändischen Nachbarn verwenden auch die Laoten reichlich Kokosmilch in ihrer Küche. Mit gekochtem Reis servieren.

4 grosse Schweinekoteletts ohne Knochen, das Fleisch in kleine Würfel, das Fett grob geschnitten
6 Knoblauchzehen, in dünne Scheiben geschnitten
1 TL weisser Pfeffer
2 TL Salz
600 ml dicke Kokosmilch (siehe Seite 141)
20 kleine rote Zwiebeln oder Perlzwiebeln, geschält
Saft von 1–2 Limetten
1 EL Zucker
4 EL Wasser
1 EL Fischsauce (Nam Pla, siehe Seite 28)
2 EL fein geschnittene Frühlingszwiebeln, nur die grünen Abschnitte
4 EL fein geschnittenes Koriandergrün

1 Das zerkleinerte Fett in einem Topf zerlassen. Die Fleischwürfel und die Knoblauchscheiben zufügen und unter ständigem Rühren 3 Minuten anbraten.

2 Die Fettgrieben aus dem Topf entfernen. Das Fleisch mit dem Pfeffer und der Hälfte des Salzes bestreuen, umrühren und die Kokosmilch zugiessen.

3 Das Ragout zum Kochen bringen. Über reduzierter Hitze im offenen Topf weitere 30 bis 35 Minuten garen, bis die Kokosmilch dick eingekocht ist.

4 Die Perlzwiebeln in einen Topf mit dem Limettensaft, dem Zucker, dem Wasser und dem restlichen Salz legen. Auf kleiner Flamme dünsten, bis das Wasser verkocht ist und die Zwiebeln karamelisiert sind.

5 Die Fischsauce in die eingekochte Kokosmilch rühren. Die Hitze verstärken und 3 Minuten pfannenrühren. Abschmecken und zuletzt die Frühlingszwiebeln, das Koriandergrün und die karamelisierten Zwiebeln unterheben. Sofort servieren.

Cha Dum

Schweinefleischterrine (Vietnam)

Für eine wirklich gute Terrine muss man durchwachsenen Räucherspeck von bester Qualität verwenden und nicht den in Scheiben abgepackten Frühstücksspeck. Mit einem grünen Salat und Nuoc Cham (Rezept auf Seite 128) servieren, oder als Einlage für einen Eintopf oder Brotbelag verwenden.

250 g frische Shiitake-Pilze oder 10 getrocknete, eingeweicht (siehe Seite 155), Stiele entfernt, Kappen in dünne Streifen geschnitten
750 g mageres gehacktes Schweinefleisch
125–175 g Räucherspeck, in kleine Würfel geschnitten
5 Frühlingszwiebeln, fein zerschnitten
1 EL Fischsauce (Nuoc Mam)
½ TL Salz
1 TL frisch gemahlener schwarzer Pfeffer
3 grosse Eier, verquirlt

1 In einer grossen Schüssel alle Zutaten miteinander vermischen und die Masse einige Sekunden durchkneten. Einen kleinen Löffel von der Masse abstechen, in etwas Öl braten und kosten, ob die Masse gut gewürzt ist. Falls nötig, noch etwas Salz oder Fischsauce zufügen.
2 Die Masse in eine gut gefettete Kastenform geben und die Oberfläche mit dem Löffelrücken glatt streichen. Die Form mit doppelt gefalteter Aluminiumfolie fest verschliessen und in einen Dampfeinsatz setzen. Zugedeckt über kochendem Wasser 60 bis 80 Minuten garen, bis die Pastetenmitte durchgegart ist.
3 Oder die Form in einen Bräter setzen und soviel heisses Wasser angiessen, dass die Form bis zur Hälfte im Wasser steht. In einen auf 180 °C vorgeheizten Ofen geben und 60 bis 80 Minuten garen.
4 Die Form aus dem Dämpfer oder dem Bräter heben und leicht abkühlen lassen. Danach die Pastete auf eine Servierplatte stürzen und kalt werden lassen. Dünn aufgeschnitten servieren.

Adobong Baboy

Rotgeschmortes Schweinefleisch (Philippinen)

Auf den Philippinen färbt man das Schmorgericht gewöhnlich mit Annatto-Samen rot. Ich verwende dafür das leichter erhältliche Paprikapulver und gemahlenen Kurkuma. Für 6 bis 8 Personen mit reichlich Reis.

1,5 kg Schweinehaxe, in 2 cm grosse Würfel geschnitten
6–8 Knoblauchzehen, fein gehackt
125 ml Branntweinessig oder Reisessig (siehe Seite 29)
1,25 l Wasser
2 frische Kaffirlimettenblätter (siehe Seite 26) oder Lorbeerblätter
1 TL Salz
3 EL Speiseöl
3 Schalotten, gewürfelt
2 Knoblauchzehen, zerdrückt
1–2 grosse rote Chilis, entkernt und gehackt
1 TL Paprika
1 TL gemahlener Kurkuma
175 ml sehr dicke Kokosmilch (siehe Seite 141)
2 EL Fischsauce (Nam Pla, siehe Seite 28)
frisch gemahlener schwarzer Pfeffer

1 Die Fleischwürfel, den Knoblauch, den Essig und das Wasser in einen grossen Topf geben. Zum Kochen bringen und auf kleiner Flamme 40 Minuten kochen lassen, dabei mehrmals abschäumen. Die Limetten- oder Lorbeerblätter und Salz zufügen. Noch 5 Minuten weiterkochen.
2 Das Fleisch mit einem Sieblöffel aus dem Topf heben und in einem Sieb abtropfen lassen. Die Brühe weitere 30 Minuten kochen lassen, dabei öfter abschäumen. Danach 600 ml Brühe durch ein Sieb in eine Schüssel giessen und bereithalten.
3 Das Öl in einem grossen Schmortopf erhitzen. Die Schalotten, den Knoblauch und die Chilis zufügen und 2 Minuten dünsten. Zuerst Paprika und Kurkuma und danach etwa 5 Esslöffel Kokosmilch einrühren.
4 Die Fleischwürfel hineinschütten und in der Sauce wenden. Die bereitgehaltene Brühe und die Fischsauce zugiessen und 30 Minuten kochen lassen. Die restliche Kokosmilch einrühren und über mittlerer Hitze nochmals 20 Minuten kochen lassen. Abschmecken und servieren.

Die Zubereitung von Tamarindenwasser

1 Einen Tamarindenblock in eine grosse Schüssel geben und mit handwarmem Wasser bedecken. Danach mit den Fingern kneten, bis sich die Masse von den Kernen trennt und das Wasser braun gefärbt ist.

2 Die Mischung in ein Sieb über einen Topf giessen und die Flüssigkeit mit einem Löffel ausdrücken. Die Flüssigkeit im Topf zum Kochen bringen, 10 Minuten auf kleiner Flamme kochen und abkühlen lassen.

3 Je 1 Esslöffel Flüssigkeit in die einzelnen Fächer einer Eiswürfelschale giessen und gefrieren lassen. Die Würfel in Plasikbeuteln im Gefrierfach aufbewahren und je 1 Würfel pro 1 Esslöffel Tamarindenwasser verwenden.

Vindaloo

Geschmortes Schweinefleisch in scharfsaurer Sauce (Indien)

Dies ist ein traditionelles Gericht aus Goa. Schweinefilet kann kurz gegart werden, Fleisch aus der Keule muss länger geschmort werden. Für 6 bis 8 Personen mit Reis. Abbildung auf *Seite 135.*

1,5 kg Schweinefilet oder mageres Fleisch aus der Keule, in 1 cm grosse Würfel geschnitten
8 EL Speiseöl
3 grosse Zwiebeln, in dünne Ringe geschnitten
6 frische oder getrocknete Curryblätter (siehe Seite 26), nach Belieben
175 ml heisses Wasser
Salz, frisch gemahlener schwarzer Pfeffer

Für die Marinade
3 EL Rotweinessig
1 TL Salz
1/2 TL Cayennepfeffer

Für die Paste
4 Schalotten, gewürfelt
6–8 Knoblauchzehen, gehackt
4–8 grosse rote Chilis, entkernt und gehackt
1 rote Paprikaschote, entkernt und gehackt
2 cm Ingwerwurzel, gehackt
1 EL Korianderkörner, grob zerstossen
2 TL Kreuzkümmel, grob zerstossen
2 Gewürznelken, grob zerstossen
1 cm Zimtstange, grob zerstossen
1 TL Palmzucker (siehe Seite 30) oder brauner Rohrzucker
2 EL Speiseöl
2 EL Branntweinessig
2 EL Tamarindenwasser (siehe oben)

1 Die Zutaten für die Marinade vermischen. Die Fleischwürfel in eine Schüssel geben, mit der Mischung einreiben und 10 Minuten ruhen lassen.
2 Alle Zutaten für die Paste im Mixer pürieren.
3 Das Öl im Wok erhitzen. Darin die Zwiebeln 8 bis 10 Minuten pfannenrühren. Herausheben.
4 Das Fleisch in 3 bis 4 Portionen je 3 Minuten anbraten. Mit einem Sieblöffel herausheben.
5 Die Zwiebeln in einem grossen Topf wieder erhitzen. Die Pastenmischung zufügen und unter Rühren 8 Minuten dünsten. Das Fleisch und die Curryblätter unterheben und in der Sauce wenden.
6 Für Schweinefilet 175 ml und für Keulenfleisch 900 ml heisses Wasser zugiessen. Zum Kochen bringen und zugedeckt 20 Minuten für das Filet und 1 Stunde 20 Minuten für das Keulenfleisch schmoren. Abschmecken, offen nochmals kurz kochen lassen und servieren.

Twaejigogi Saektchim

Gefüllte Schweinelende (Korea)

500–650 g Schweinelende, quer in 4 dicke Stücke geschnitten
je 1 TL Salz und frisch gemahlener schwarzer Pfeffer
4 EL Speiseöl
2 EL geröstete Pinienkerne (siehe Seite 155) als Garnitur

Für die Füllung
2–3 EL Speiseöl
1 TL Sesamöl
1 grosse Karotte, in feine Streifen geschnitten (siehe Seite 154)
2 kleine Zucchini, in feine Streifen geschnitten (siehe Seite 154)
8 kleine Champignons, in feine Streifen geschnitten
6 getrocknete Shiitake-Pilze, eingeweicht (siehe Seite 155), Stiele entfernt und Kappen in feine Streifen geschnitten

Für die Sauce
2 EL getrocknete Garnelen (siehe Seite 31)
2 EL fein gehackter Ingwer
1 Knoblauchzehe, fein gehackt
1/4 TL Zucker oder 1 EL Mirin (siehe Seite 29)
1 EL helle Sojasauce
1 Prise Salz
4 EL Wasser

1 Das Fleisch mit Salz und Pfeffer einreiben und 5 Minuten ruhen lassen. Das Öl in einer Pfanne erhitzen. Darin die Fleischstücke 3 bis 4 Minuten von allen Seiten anbraten. Aus der Pfanne nehmen und die Pfanne sauber auswischen.
2 Für die Füllung das Speiseöl mit dem Sesamöl vermischen und in der Pfanne erhitzen. Die Karottenstreifen einstreuen, 1 Minute pfannenrühren und herausnehmen. Die anderen Gemüse getrennt nacheinander je 1 Minute pfannenrühren.
3 Alle Zutaten für die Sauce im Mixer vermischen. In einen kleinen Topf giessen und über milder Hitze 4 Minuten kochen lassen. Durch ein Sieb in ein Schälchen seihen.
4 In jedes Fleischstück 4 parallele tiefe Einschnitte machen, dabei das Fleisch jedoch nicht durchtrennen. Die Fleischstücke in eine ofenfeste Form legen.
5 Etwas von den Karottenstreifen in je einen Einschnitt der Fleischstücke füllen und je eine kleine Portion der anderen Gemüse getrennt in die restlichen Einschnitte pressen.
6 Die restlichen Gemüsestreifen nach Farben getrennt so auf das Fleisch legen, dass sie den Farben der Füllung entsprechen.
7 Gemüse und Fleisch gleichmässig mit der Sauce beträufeln. Die Form in einen Dämpfer setzen. Zugedeckt über sprudelnd kochendem Wasser 10 bis 12 Minuten garen. Die Form aus dem Dämpfer nehmen. Mit Pinienkernen und Koriandergrün garnieren und mit Reis servieren.

Char Siu Paaih Gwat

Chinesische Spare Ribs (China)

Das ist das chinesische Original der thailändischen Spare Ribs (siehe gegenüberliegende Seite). Zu Reis oder Nudeln oder nur zu einem grünen Salat servieren. Abbildung auf Seite 96.

2 l Wasser
1/2 TL Salz
1 kg Spare Ribs, in je 7–8 cm grosse Stücke gehackt
3 EL Speiseöl
2 TL fein gehackter Ingwer
6 Schalotten, fein gewürfelt
2 EL dunkle Sojasauce
2 EL helle Sojasauce
2 EL Hoisin-Sauce
1 TL Zucker
1 TL frisch gemahlener schwarzer Pfeffer
4 EL heisses Wasser
2 EL Shaosing-Wein (siehe Seite 29) oder trockener Sherry
6 EL Hühnerbrühe
Frühlingszwiebelquasten (siehe Seite 155) als Garnitur

1 Das Wasser in einem grossen Topf zum Kochen bringen, salzen. Die Rippchen hineingeben und 4 Minuten blanchieren. Herausheben, abtropfen lassen und mit Küchenpapier trocken tupfen.
3 Das Öl in einem grossen Schmortopf erhitzen. Die Rippchen zufügen und 3 Minuten pfannenrühren. Den Ingwer und die Schalotten einstreuen und weitere 2 Minuten rühren.
4 Die beiden Sojasaucen, die Hoisin-Sauce, den Zucker und den Pfeffer zufügen, 30 Sekunden pfannenrühren. Danach das heisse Wasser angiessen und den Deckel auflegen.
5 1 bis 1½ Stunden im auf 160 °C vorgeheizten Ofen schmoren. Danach den Shaohsing-Wein oder Sherry einrühren. Die Rippchen herausheben und nebeneinander in einen grossen Bräter legen.
6 Zurück in den Ofen setzen und bei 200 °C weitere 10 bis 15 Minuten braten. Die Sauce in einen kleinen Topf giessen. Die Hühnerbrühe einrühren und die Sauce nochmals erwärmen. Die Spare Ribs mit den Frühlingszwiebeln anrichten und die Sauce getrennt dazu reichen.

Gradook Moo Nueng Tao Jeaw

Spare Ribs in gelber Bohnensauce (Thailand)

Dies ist eines von vielen bekannten thailändischen Gerichten mit starken chinesischen Einflüssen. Bei der thailändischen Variante werden der Sauce Vogelaugenchilis und Tamarinde zugefügt.

1 kg Spare Ribs, in 7,5 cm grosse Stücke gehackt
125 ml heisses Wasser
Salz, frisch gemahlener schwarzer Pfeffer

Für die Marinade und Sauce
4 EL gelbe Bohnensauce
2 Knoblauchzehen, zerdrückt
2–6 frische Vogelaugenchilis, zerdrückt
1/4 TL gemahlene Gewürznelken
1/4 TL gemahlener Zimt
2 EL Ingwersaft (siehe Seite 155)
2 EL Tamarindenwasser (siehe Seite 101)
1 EL dunkle Sojasauce
2 TL Fischsauce (Nam Pla, siehe Seite 28)
1 TL Palmzucker (siehe Seite 30) oder brauner Rohrzucker

1 Die Zutaten für die Marinade in einer Glasschüssel verrühren. Die Rippchen in eine zweite Schüssel legen und mit einem Drittel der Marinade überziehen. Für 2 Stunden an einen kühlen Ort oder über Nacht in den Kühlschrank stellen.
2 Die restliche Marinade in einen Topf giessen. Das heisse Wasser zugiessen und unter Rühren 5 Minuten aufkochen. Abschmecken und abkühlen lassen.
3 Die Rippchen Raumtemperatur annehmen lassen. In einen Dämpfeinsatz legen und 1 Stunde über Dampf garen. Herausnehmen und abkühlen lassen. (So weit kann alles schon vorbereitet und im Kühlschrank bereitgestellt werden).
4 Rippchen und Sauce Raumtemperatur annehmen lassen. Die Hälfte der Sauce in einen Topf giessen und kurz aufkochen.
5 Die Rippchen in eine Grillpfanne legen und unter dem heissen Grill 4 bis 5 Minuten rösten, dabei mehrmals wenden und mit der restlichen Sauce bestreichen. Die Sauce in eine Schale giessen und als Dip-Sauce zu den Spare Ribs servieren.

Massaman

Rindfleischcurry (Thailand)

Das Originalrezept dieses Gerichts kam mit dem Islam aus dem Vorderen Orient nach Asien. Die Thais haben der Sauce ihre Lieblingswürzen zugesetzt: Korianderwurzeln, Kaffirlimettenschale und Fischsauce.

3 EL Speiseöl
2 grosse Zwiebeln, in dünne Ringe geschnitten
1 kg Rinderschulter, in Würfel geschnitten
2 Stücke getrockneter Galgant (siehe Seite 27)
3–5 Stücke getrocknete Kaffirlimettenschale (siehe Seite 22)
2 Stengel frisches Zitronengras, halbiert
3 Gewürznelken
3 cm Zimtstange
1 TL Salz
900 ml heisses Wasser
600 ml Kokosmilch (siehe Seite 141)
375 g kleine neue Kartoffeln
2 EL Tamarindenwasser (siehe Seite 101)
1–2 TL Palmzucker (siehe Seite 30) oder brauner Rohrzucker
2 EL geröstete Erdnüsse, gehackt, als Garnitur

Für die Paste
2–6 grosse rote Chilis, entkernt und gehackt
4 Knoblauchzehen, gehackt
2 EL Korianderkörner, geröstet (siehe Seite 155) und grob zerstossen
1 EL Kreuzkümmel, geröstet und grob zerstossen
1/4 TL geriebene Muskatnuss
3 Korianderwurzeln (siehe Seite 26) oder -stiele, gehackt
1 EL Fischsauce (Nam Pla, siehe Seite 28)

1 Das Öl erhitzen. Die Zwiebeln darin unter ständigem Rühren 6 bis 8 Minuten leicht anbräunen. Das Fleisch zufügen und wenden. Danach Galgant, Limettenschale, Zitronengras, Gewürznelken und Zimt einrühren. Salzen und das heisse Wasser zugiessen. Zum Kochen bringen und im geschlossenen Topf auf mittlerer Flamme 55 bis 60 Minuten schmoren, dabei mehrmals umrühren.
2 Alle Zutaten für die Paste plus 4 Esslöffel Kokosmilch im Mixer vermischen. Die Paste in einem kleinen Topf unter Rühren 8 Minuten dünsten.
3 Galgant, Limettenschale und Zimt entfernen. Die Kartoffeln und die Paste unterheben.
4 Im offenen Topf 5 Minuten auf kleiner Flamme kochen lassen. Die restliche Kokosmilch, das Tamarindenwasser und den Zucker einrühren. Weitere 30 Minuten ohne Deckel kochen lassen. Abschmecken und mit Erdnüssen bestreut servieren.

Huhng Siu Ngauh

Rot geschmortes Rindfleisch mit Broccoli (China)

In der chinesischen Küche bedeutet «rot geschmort», dass ein Gericht langsam in Sojasauce weich geschmort wird. Schmorgerichte eignen sich vorzüglich für die Bewirtung einer grösseren Zahl von Gästen, da sie im Voraus zubereitet und vor dem Servieren wieder aufgewärmt werden können, ohne an Geschmack zu verlieren. Für 6 bis 8 Personen mit Reis.

2 kg Rinderrollbraten, quer halbiert
2 l Wasser
1 TL Salz
1 grosse Zwiebel, grob zerschnitten
3 Scheiben geschälte Ingwerwurzel
3 EL Speiseöl
2 TL fein gehackter Ingwer
1 TL frisch gemahlener schwarzer Pfeffer
4 EL dunkle Sojasauce
1 cm Kassiarinde (siehe Seite 27) oder Zimtstange
1 Sternaniskapsel
900 ml heisses Wasser
4 EL Shaosing-Wein (siehe Seite 29) oder trockener Weisswein
500–750 g Broccoli, in kleine Röschen gebrochen

1 Das Rindfleisch, das Wasser, das Salz, die Zwiebel und den Ingwer in einen grossen Topf geben und zum Kochen bringen. Auf kleiner Flamme im geschlossenen Topf 1 Stunde sieden lassen.
2 Das Fleisch aus dem Topf heben und auf ein Schneidbrett legen. Die Brühe durch ein Sieb in eine Schüssel giessen und gründlich abschäumen. Von der Brühe 600 ml abmessen und bereithalten. Das Fleisch in 2,5 cm grosse Würfel schneiden und mit Küchenpapier trocken tupfen.
3 Das Öl in einem grossen Schmortopf erhitzen. Darin die Fleischwürfel 2 Minuten pfannenrühren. Den gehackten Ingwer, den Pfeffer, die Sojasauce, die Kassiarinde oder Zimtstange sowie den Sternanis zufügen und einige Minuten durchrühren.
4 Das heisse Wasser einrühren. Den Schmortopf zugedeckt 1 Stunde und 20 Minuten in einen 150 °C heissen Ofen stellen.
5 Danach herausnehmen, den Wein sowie die bereitgehaltene Brühe einrühren und abschmecken. Die Kassiarinde oder Zimtstange und den Sternanis entfernen. Den Deckel wieder auflegen und den Schmortopf zurück in den Ofen geben. Bei 120 °C eine weitere Stunde schmoren.
6 Den Schmortopf aus dem Ofen nehmen und über mittlerer Hitze auf den Herd setzen. Die Broccoliröschen unterheben und im offenen Topf 8 bis 10 Minuten garen. Danach servieren.

Speiseöl

Ingwer

Zwiebel

Salz

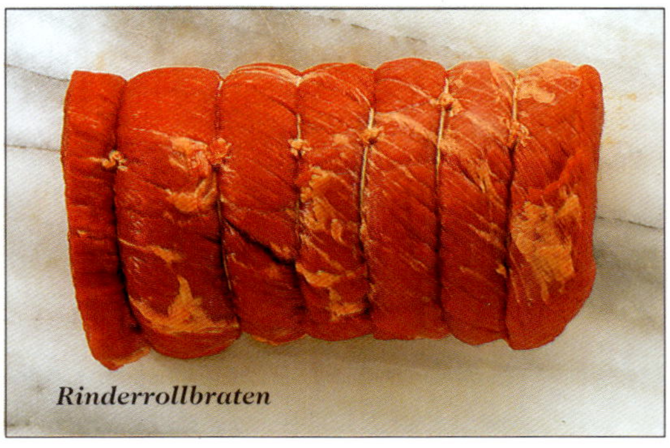

Rinderrollbraten

Schwarzer Pfeffer
Dunkle Sojasauce
Kassiarinde
Sternanis
Shaohsing-
Wein
Broccoli

Sukiyaki

Japanischer Feuertopf (Japan)

Dieses Rezept basiert auf der Erinnerung an ein köstliches Sukiyaki, das ein japanischer Gastprofessor an meiner Universität in Java zubereitet hat. Gewöhnlich werden dabei Essstäbchen zum Kochen und Essen benutzt. Mit japanischem Reis servieren.

4 Eier, nach Belieben
Sojasauce
200 g Shirataki-Nudeln (siehe Seite 24), nach Belieben
etwa 4 EL Speiseöl
750 g Rinderfilet, in hauchdünne Scheiben geschnitten (siehe Seite 152)
6 Frühlingszwiebeln, diagonal in dünne Scheiben geschnitten
500 g fester Tofu (siehe Seite 24), in 16 Würfel geschnitten
125–175 g frische Shiitake-Pilze oder braune Champignons, in dünne Scheiben geschnitten
175 g Brunnenkresse

Für die Brühe
etwa 600 ml klare Rinder- oder Hühnerbrühe
3 EL dunkle Sojasauce
1 EL Mirin (siehe Seite 29)
4 EL Sake (siehe Seite 29)
1–2 TL Zucker, nach Belieben

1 Die Zutaten für die Brühe in einem Topf zum Sieden bringen. Auf dem Herd am Sieden halten und zum Servieren die Brühe in einer Schale auf den Tisch bringen oder die Brühe in einen Fonduetopf giessen und am Tisch sieden lassen.
2 Einen Sukiyaki-Topf oder eine elektrische Pfanne auf den Esstisch stellen und erhitzen. Jedem Gast eine kleine Schale mit Reis, eine leere Suppenschale und ein Paar Chopsticks geben. Auf den Tisch eine kleine Schale mit Sojasauce stellen.
3 Vorher die Shirataki-Nudeln in einem grossen Topf mit gesalzenem kochendem Wasser 3 bis 4 Minuten garen. In ein Sieb schütten, unter fliessendem kaltem Wasser abspülen und abtropfen lassen.
4 Bei Tisch 1 bis 2 EL Öl in den heissen Sukiyaki-Topf oder die Pfanne giessen. Danach 4 bis 8 Scheiben Fleisch im heissen Öl braten, dabei mehrmals wenden.
5 Einige Stücke Frühlingszwiebeln, 4 Stücke Tofu, einige Pilzscheiben sowie etwas Brunnenkresse zufügen und 1 bis 2 Minuten rühren. Danach eine Kelle siedende Brühe und nach Belieben Nudeln zufügen und erhitzen.
6 Die Gäste bedienen sich aus dem Topf oder der Pfanne. Jeder schlägt nach Belieben noch ein rohes Ei in seine Schale und übergiesst es mit etwas siedender Brühe. Das Ei wird zerrührt, bis es in der heissen Brühe stockt. Danach werden einige Tropfen Sojasauce darüber geträufelt.
7 Der Koch füllt den Sukiyaki-Topf immer wieder nach. Den Reis isst man zwischendurch oder am Ende der Mahlzeit.
8 Die Brühe, die in den Schalen übrig bleibt, wird daraus wie Tee aus der Tasse getrunken, wenn man es nicht vorzieht, einen Löffel zu benutzen.

Boxao Mang

Rindfleisch mit Bambussprossen (Vietnam)

Von diesem klassischen südostasiatischen Gericht existieren Varianten in Indonesien, Malaysia, Singapur und auf den Philippinen. Für 2 Personen mit Reis oder Nudeln.

4 EL Erdnuss- oder Sojaöl
375 g Rumpsteak, quer zur Faser in 2 cm breite Streifen geschnitten (siehe Seite 152)
200 g Bambussprossen aus der Dose, abgespült und längs in dünne Streifen geschnitten
4 Frühlingszwiebeln, diagonal in dünne Scheiben geschnitten
3 EL Sesamsaat, geröstet (siehe Seite 155) und im Mörser zerstossen

Für die Nuoc-Cham-Sauce
2 EL Fischsauce (Nuoc Mam, siehe Seite 28)
2 Knoblauchzehen, zerdrückt
1–2 kleine getrocknete rote Chilis, fein gehackt
Saft von 1/2 Limette oder Zitrone
1 grosse Prise Salz
1 grosse Prise Zucker, nach Belieben

1 Die Zutaten für die Nuoc Cham in einer kleinen Glasschüssel verquirlen.
2 Den Wok leer erhitzen, danach 2 Esslöffel Öl hineingiessen und bis zum Rauchpunkt erhitzen. Das Fleisch hineingeben und 1 Minute pfannenrühren. Mit einem Sieblöffel herausheben und auf einem Teller bereithalten.
3 Das restliche Öl im Wok erhitzen. Die Bambussprossen einstreuen und 1 Minute pfannenrühren. Danach die Frühlingszwiebeln zufügen und eine weitere Minute sautieren.
4 Die Nuoc-Cham-Sauce in den Wok giessen und über sehr starker Hitze 30 Minuten rühren. Die Fleischstreifen und die zerstossene Sesamsaat unterheben. Weitere 30 Sekunden pfannenrühren, bis das Fleisch wieder heiss ist. Sofort servieren.

Gule Kambing

Würziges Lammragout (Indonesien)

In Zentraljava wird Gule Kambing aus Ziegenfleisch zubereitet. Ich verwende Lammfleisch aus der Keule oder aus der Schulter. Für 6 bis 8 Personen mit Reis.

1,5–2 kg mageres Lammfleisch in 1,5 cm grosse Würfel geschnitten
600 ml heisses Wasser
5 cm Zimtstange
1 Stiel frisches Zitronengras, in 3 Abschnitte geschnitten
2 frische Kaffirlimettenblätter (siehe Seite 26) oder Lorbeerblätter
250–275 ml dicke Kokosmilch (siehe Seite 141)
Salz, frisch gemahlener schwarzer Pfeffer
2 EL Röstzwiebeln (Rezept Seite 132) als Garnitur
1 Handvoll glattblättrige Petersilie als Garnitur

Für die Paste

5 Schalotten oder 1 Zwiebel, gewürfelt
4 Knoblauchzehen, gehackt
3 Candle Nuts (siehe Seite 22) oder Macadamianüsse, grob gehackt
2–4 grosse rote Chilis, entkernt und gehackt
1/4 TL gemahlener weisser Pfeffer
2 TL gehackter Ingwer
1 TL gehackter Galgant (siehe Seite 27)
1 TL gemahlener Kurkuma
2 TL gemahlener Koriander
2 Gewürznelken, grob zerstossen
1 TL Salz
4 EL Tamarindenwasser (siehe Seite 101)
3 EL Speiseöl

1 Die Zutaten für die Paste im Mixer gründlich mischen. Die Paste in einen grossen Topf geben und unter Rühren 6 bis 8 Minuten dünsten.
2 Das Fleisch zufügen und unter ständigem Rühren 2 Minuten anbraten. Das heisse Wasser, die Zimtstange, das Zitronengras und die Limetten- oder Lorbeerblätter zufügen. Zugedeckt 30 Minuten auf kleiner Flamme schmoren.
3 Die Kokosmilch einrühren und im offenen Topf auf kleiner Flamme 30 bis 40 Minuten einkochen lassen. Die genaue Zeit hängt von der gewünschten Konsistenz der Sauce ab.
4 Abschmecken und die Zimtstange, das Zitronengras sowie die Limetten- oder Lorbeerblätter entfernen.
5 Das Ragout in eine Servierschüssel füllen, mit den Röstzwiebeln sowie der fein geschnittenen Petersilie bestreuen und servieren.

Kambing Korma

Lammcurry mit Kokosmilch (Malaysia)

Dieser Curry ist dem muslimischen Lamm-Korma aus Zentralindien sehr ähnlich. Nur wird er nicht mit Joghurt zubereitet. Wie in Indien serviert man oft Roti (Brot) dazu, besonders zum Mittagessen. Am Abend reicht man Reis dazu. Für 6 bis 8 Personen mit Roti oder Reis.

1 kg Hammel- oder Lammkeule, in 2 cm grosse Würfel geschnitten
1 TL Salz
5 EL Ghee (siehe Seite 29) oder Speiseöl
5 Schalotten oder 1 grosse rote Zwiebel, gewürfelt
6 Knoblauchzehen, fein gehackt
2 TL fein gehackter Ingwer
2 TL fein gehacktes frisches Zitronengras, nur das Innere
5 cm Zimtstange
2 frische oder getrocknete Curryblätter (siehe Seite 26) oder Lorbeerblätter
600 ml heisses Wasser
250 ml sehr dicke Kokosmilch (siehe Seite 141)
frisch gemahlener schwarzer Pfeffer

Für die trockene Gewürzmischung

2 TL Korianderkörner
1 TL Kreuzkümmel
1 TL Fenchelsamen
Samenkörner aus 3 grünen Kardamomkapseln
4 Gewürznelken
10 schwarze Pfefferkörner

1 Die Gewürzmischung 3 Minuten rösten (siehe Seite 155), abkühlen lassen und zu feinem Pulver mahlen oder im Mörser fein zerstossen.
2 Die Fleischwürfel mit dem Gewürzpulver und mit Salz bestreuen und gut mischen. Kühl gestellt 15 bis 20 Minuten ruhen lassen.
3 Das Öl oder Ghee im Wok oder einer grossen tiefen Pfanne erhitzen. Die Hälfte der Fleischwürfel 5 Minuten unter ständigem Rühren anbraten. Herausheben. Anschliessend die restlichen Fleischwürfel anbraten und herausheben.
4 Den Wok wieder erhitzen und darin die Schalotten oder Zwiebel 5 Minuten andünsten. Den Knoblauch, den Ingwer und das Zitronengras einstreuen und weitere 2 Minuten pfannenrühren.
5 Das Fleisch mit Zimtstange und Curry- oder Lorbeerblättern zurück in den Wok geben. Das heisse Wasser zugiessen und das Fleisch zugedeckt 40 bis 45 Minuten auf kleiner Flamme schmoren.
6 Die Kokosmilch einrühren und unter mehrmaligem Rühren weitere 20 Minuten köcheln lassen. Abschmecken und vor dem Servieren die Zimtstange und die Curryblätter entfernen.

Aloo Gosht

Fleischcurry mit Kartoffeln (Indien)

Für diesen Curry verwendet man gewöhnlich Lammfleisch. Je nachdem, wo man sich in Asien befindet, wird man dieses Gericht auch mit Rind- oder Hühnerfleisch zubereitet antreffen. Mit Roti oder Reis servieren.

4 mittelgrosse Kartoffeln, geschält und geviertelt
4 grosse oder 8 kleine Lammkoteletts
1 200-g-Dose zerkleinerte Tomaten
120 ml heisses Wasser
4 EL Naturyoghurt
Salz, frisch gemahlener schwarzer Pfeffer

Für die Paste
4 Schalotten, gewürfelt
2 Knoblauchzehen, gehackt
8 weisse Pfefferkörner, grob zerstossen
1/4 TL Cayennepfeffer
1 EL Korianderkörner, grob zerstossen
2 TL Kreuzkümmel, grob zerstossen
1 TL gemahlener Kurkuma
1/4 TL Salz
3 EL Speiseöl
4 EL Wasser

1 Die Kartoffeln in einer grossen Schüssel mit leicht gesalzenem Wasser bereithalten.

2 Die Zutaten für die Paste im Mixer so glatt wie möglich pürieren. Die Paste in einen Schmortopf geben und auf kleiner Flamme 4 bis 5 Minuten unter ständigem Rühren andünsten.

3 Die Lammkoteletts darin unter häufigem Wenden 4 bis 5 Minuten von beiden Seiten anbräunen. Die Kartoffeln abtropfen lassen, zufügen und unter Rühren 2 bis 3 Minuten anbraten.

4 Die zerkleinerten Tomaten zufügen. Zugedeckt auf kleiner Flamme 15 Minuten schmoren. Danach das heisse Wasser einrühren und über mittlerer Hitze weitere 20 Minuten garen, bis die Kartoffeln weich sind.

5 Den Joghurt löffelweise einrühren. Den Curry noch 5 Minuten ziehen lassen. Danach abschmecken und servieren.

Dalcha

Lammragout mit Linsen (Indien)

Dieses indische Alltagsgericht ist einfach in der Zubereitung und seine Zutaten sind überall erhältlich. Mit Reis servieren.

500 g mageres Lammfleisch aus der Keule, in 2 cm grosse Würfel geschnitten
1 Zwiebel, in dünne Ringe geschnitten
1 TL gemahlener Kreuzkümmel
2 TL fein gehackter Ingwer
1½ TL Salz
3 EL Tamarindenwasser (siehe Seite 101)
2 Auberginen, quer halbiert und geviertelt
125 g Prinzessbohnen, halbiert
4 reife Tomaten, abgezogen und geviertelt
½ TL Cayennepfeffer
1 Handvoll frisches Koriandergrün als Garnitur

Für die Linsen
1 TL gemahlener Koriander
¼ TL Cayennepfeffer
½ TL Senfpulver
½ TL gemahlene Bockshornkleesamen
½ TL gemahlener Kurkuma
250 g rote Linsen, abgespült und abgetropft
600 ml Wasser

Für die gerösteten Zutaten
4 EL Speiseöl
1 grosse Zwiebel, in Ringe geschnitten
2–3 getrocknete Chilis, grob zerkleinert
1 Knoblauchzehe, zerdrückt
je ½ TL gelbe Senfkörner und Kreuzkümmel
4 getrocknete oder frische Curryblätter (siehe Seite 26), nach Belieben
1 grosse Prise Asafoetida (siehe Seite 30), nach Belieben

1 Für das Linsengemüse alle Zutaten in einen grossen Topf geben. Aufkochen und im geschlossenen Topf 15 Minuten auf kleiner Flamme garen.
2 Die Lammfleischwürfel und die Zwiebel, Kreuzkümmel, Ingwer und Salz zufügen. Unter ständigem Rühren 1 bis 2 Minuten dünsten, bis alle Zutaten gut vermengt sind. Das Tamarindenwasser einrühren und das Ragout im geschlossenen Topf auf kleiner Flamme 20 Minuten schmoren.
3 Die Auberginen und Bohnen zufügen und zugedeckt weitere 8 Minuten garen. Die Tomaten und den Cayennepfeffer einrühren und 4 Minuten auf kleiner Flamme schmoren. Mit Salz abschmecken.
4 Für die gerösteten Zutaten 2 Esslöffel Öl erhitzen. Darin die Zwiebelringe bräunen. Herausheben und auf Küchenpapier entfetten.
5 Das restliche Öl in die Pfanne giessen und die Chilis, den Knoblauch, die Senfkörner und den Kreuzkümmel, die Curryblätter und Asafoetida einstreuen und eine Minute rühren.
6 Das Ragout in eine Servierschüssel schütten, mit den gerösteten Zutaten bestreuen und mit dem Öl aus der Pfanne beträufeln. Mit Zwiebelringen und Koriandergrün garnieren.

Khoua Sin Fahn

Rehragout in Kokosnusssauce (Laos)

In diesem Rezept wird das Fleisch in dicker Kokosmilch so lange gegart, bis die Flüssigkeit verkocht ist und am Schluss das Fleisch im Öl brät. Für 6 bis 8 Personen.

2 l dicke Kokosmilch (siehe Seite 141)
1,5 kg Rehschulter, in 2 cm grosse Würfel geschnitten
1 TL Salz
4 EL fein geschnittene Frühlingszwiebeln

Für die Paste
4 Knoblauchzehen, gehackt
2–4 grosse rote Chilis, entkernt und gehackt
5 Schalotten, gewürfelt
3 frische Kaffirlimettenblätter (siehe Seite 26), fein zerschnitten

1 Die Zutaten für die Paste und 90 ml von der Kokosmilch im Mixer so glatt wie möglich pürieren.
2 Die Paste in einen grossen Schmortopf geben. Das Fleisch, Salz und die restliche Kokosmilch zufügen. Alles gut miteinander vermischen.
3 Zum Kochen bringen und über reduzierter Hitze unter gelegentlichem Rühren 1½ Stunden garen, bis die Kokosmilch eingekocht und sämig ist.
4 Das Ragout in einen Wok umschütten und kochen lassen, bis die Sauce ölig wird. Unter Rühren weitere 15 Minuten garen, bis die Sauce eingedickt ist. Abschmecken und die Frühlingszwiebeln unterheben. Unter ständigem Rühren noch eine Minute weiterkochen lassen. Danach servieren.

THAILAND

Die Thaiküche lässt jedes Ingredienz für sich sprechen. Im gleichen Gericht werden Kräuter und Früchte ebenso wie salzige Fischsauce, getrocknete Garnelen und scharfe Gewürze verwendet. Den Kontrast dazu bilden Duftreis, Nudeln und delikat gewürzte Meeresfrüchte.

YAM WOON SEN
Scharf gewürzter Salat von Glas-Vermicelli, Garnelen und Schweinefleisch (Rezept auf Seite 119)

YAM PLA MULK MAMUANG
Salat von grüner Mango mit Tintenfischringen
(Rezept Seite 119)

HOY LAI PHAD NAM PRIK PHAO
Venusmuscheln mit Basilikum
(Rezept Seite 85)

GEMÜSE UND SALATE

In Asien macht man keinen Unterschied zwischen Gemüsegerichten und Salat. Wir ernten das Gemüse, wenn es noch jung und zart ist und nur wenig oder überhaupt nicht gekocht zu werden braucht. So lässt sich Rohes und Gekochtes in warmen Salaten vermischen. Gemüsegerichte müssen ebenso ansprechend sein wie alles andere, was auf den Tisch kommt: abwechslungsreich in Farbe, Konsistenz und Geschmack.

Kajitchim

Gefüllte Auberginen (Korea)

In die Füllung der Auberginen wird gewöhnlich gehacktes Rindfleisch gemischt. Diese Rezept ist rein vegetarisch und kann zu Reis oder Nudeln gegessen werden.

4 Auberginen von 12–15 cm Länge
3 grosse Zwiebeln, in Streifen geschnitten
½ TL Salz
75 ml warmes Wasser
3 EL Speiseöl

Für die Füllung
2 Knoblauchzehen, fein gehackt
2 TL Sesamsaat
½ TL grobes Meersalz
250–300 g fester Tofu
2 EL Speiseöl
1 TL Sesamöl
3 Schalotten, fein gewürfelt
1 grosse rote Chili, entkernt und fein gehackt
125 g frische Shiitake-Pilze, Stiele entfernt und Kappen in dünne Streifen geschnitten
250 g kleine Champignons, in dünne Scheiben geschnitten
1 TL sehr fein gehackter Ingwer
1 EL helle Sojasauce
2 El fein geschnittene Frühlingszwiebeln
2 EL fein geschnittene glattblättrige Petersilie oder Sellerieblätter
Salz, frisch gemahlener schwarzer Pfeffer

1 In jede Aubergine 4 tiefe Einschnitte machen, als ob man sie längs vierteln wollte. Die Auberginen bereithalten.
2 Für die Füllung den Knoblauch zusammen mit der Sesamsaat und dem Salz im Mörser zu einer Paste verreiben.
3 Den Tofu in einer Schüssel mit kochendem Wasser bedecken. Nach 10 Minuten in einem Sieb abtropfen und handwarm abkühlen lassen. In ein Stück Musselin oder in ein Küchentuch wickeln und alle Feuchtigkeit ausdrücken.
4 Das Speiseöl und das Sesamöl im Wok erhitzen. Die Schalotten einstreuen und unter ständigem Rühren 2 Minuten dünsten. Die Knoblauchpaste und die gehackte Chili einrühren. Beide Pilzsorten und den Ingwer zufügen und 4 Minuten pfannenrühren.
5 Den Tofu zufügen, mit dem Löffelrücken zerdrücken und gründlich mit der Pilzmischung vermengen. Die Sojasauce, die Frühlingszwiebeln und den Ingwer einrühren. Die Füllung abschmecken und in die Einschnitte der Auberginen pressen.
6 Den Boden eines grossen Schmortopfes mit den Zwiebeln ausstreuen, salzen und das warme Wasser darübergiessen. Die gefüllten Auberginen in einer Schicht darauflegen.
7 Im geschlossenen Topf 1 Stunde auf kleiner Flamme schmoren. Darauf achten, dass die Zwiebeln nicht ansetzen und verbrennen. Falls nötig, etwas Wasser nachgiessen. Man kann die Auberginen jedoch auch in einem 160 °C heissen Ofen 1½ Stunden garen.
8 Die Auberginen auf eine vorgewärmte Servierplatte legen. Das Speiseöl in den Topf giessen und die Zwiebeln unter ständigem Rühren in 3 bis 4 Minuten bräunen. Die Auberginen mit den gebräunten Zwiebeln bestreuen und servieren.

Yam Makhua Phao

Süsssaure Auberginen (Thailand)

Für dieses Gericht werden gewöhnlich kleine runde Auberginen verwendet, die es manchmal in chinesischen und Thaigeschäften gibt.

2 grosse Auberginen
30 g getrocknete Garnelen (siehe Seite 31)
2 EL fein geschnittenes Koriandergrün

Für das Dressing
2 Schalotten, in sehr dünne Ringe geschnitten
1–2 Vogelaugenchilis, fein gehackt
3 EL Fischsauce (Nam Pla, siehe Seite 28)
3 EL Limetten- oder Zitronensaft
1 EL Zucker
5 EL Wasser

1 Die Auberginen auf ein Blech legen und im auf 190 °C vorgeheizten Ofen 35 bis 40 Minuten rösten. In einen Frischhaltebeutel stecken und handwarm abkühlen lassen.
2 Die Schale von den noch warmen Auberginen abziehen. Die Auberginen in grosse Würfel schneiden und in eine Salatschüssel legen. Die getrockneten Garnelen 2 bis 3 Minuten rösten (siehe Seite 155) und abkühlen lassen. Anschliessend im Mörser grob zerstossen.
3 Die Zutaten für das Dressing in einen kleinen Topf geben und 2 Minuten auf kleiner Flamme kochen lassen. Die Auberginenwürfel mit dem Dressing übergiessen und mit den zerstossenen Garnelen sowie dem zerschnittenen Koriandergrün bestreuen. Alles gut miteinander vermischen und bei Raumtemperatur servieren.

Orak-Arik

Pfannengerührter Kohl mit Ei (Indonesien)

Für 4 bis 6 Personen als Beilage.

3–4 EL Speiseöl
4 Schalotten, fein gewürfelt
2 Knoblauchzehen, fein gehackt
1 TL fein gehackter Ingwer, nach Belieben
500–750 g Weisskohl, in dünne Streifen geschitten
1 TL Salz
5 EL heisses Wasser
¼–½ TL gemahlener weisser Pfeffer
2–3 verquirlte Eier

1 Das Öl im Wok erhitzen. Die Schalotten, den Knoblauch und den Ingwer einstreuen und 2 bis 3 Minuten pfannenrühren.
2 Die Kohlstreifen zufügen, salzen und 3 Minuten pfannenrühren. Das heisse Wasser und den gemahlenen weissen Pfeffer einrühren. Den Deckel auflegen und den Kohl 2 bis 3 Minuten auf kleiner Flamme schmoren.
3 Den Wokdeckel abheben und die Hitze verstärken. Den Kohl eine weitere Minute pfannenrühren. Die verquirlten Eier darübergiessen und kräftig rühren, bis sie gestockt sind. Das Gericht abschmecken und sofort servieren.

Phool Gobi Aur Aloo Ki Bhaji

Blumenkohl mit Kartoffeln (Indien)

Kartoffeln gelten in den meisten asiatischen Ländern als Gemüse und nicht als Grundnahrungsmittel. Für 4 bis 6 Personen.

2 grosse fest kochende Kartoffeln von je etwa 300 g
1 Blumenkohl, in Röschen gebrochen
2 TL Korianderkörner
1–2 kleine getrocknete rote Chilis
2 TL Kreuzkümmel
5–6 EL Ghee (siehe Seite 29) oder Speiseöl
1 TL gelbe Senfkörner
1 grosse grüne Chili, entkernt und fein gehackt
½ TL gemahlener Kurkuma
1 TL Salz
¼ TL frisch gemahlener schwarzer Pfeffer

1 Die Kartoffeln ungeschält in 18 bis 20 Minuten weich garen. Abkühlen lassen, pellen und in je 2 bis 3 Stücke schneiden. Die Blumenkohlröschen in kochendem Salzwasser 1 Minute blanchieren.
2 Die Korianderkörner, die getrockneten Chilis und die Hälfte des Kreuzkümmels 3 bis 4 Minuten anrösten (siehe Seite 155), danach im Mörser pulverfein zerstossen.
3 In einer grossen Pfanne 5 Esslöffel Ghee erhitzen. Die Senfkörner und den restlichen Kreuzkümmel einstreuen und rühren, bis sie anfangen zu platzen. Sofort den grünen Chili und den Kurkuma einstreuen und einige Sekunden rühren.
4 Den Blumenkohl zufügen und 2 Minuten pfannenrühren. Danach die Kartoffeln, die pulverisierten Gewürze, Salz und Pfeffer zugeben. Etwa 2 bis 3 Minuten pfannenrühren, bis die Kartoffeln wieder heiss sind. Das restliche Ghee zufügen und, falls nötig, nachsalzen und servieren.

Rebong Char

Garnelen, Schweinefleisch und Bambussprossen in würziger Sauce (Singapur)

Dieses Gericht der Nonya-Küche ist chinesischen Ursprungs, hat aber durch die scharfen Chilis eine malayische Note bekommen. Garnieren Sie es mit Koriandergrün, und servieren Sie dazu gekochten oder gebratenen Reis.

8–12 rohe Riesengarnelen, geschält und entdärmt (siehe Seite 82), längs halbiert, Schalen bereithalten
450 ml Wasser
1 TL Mehl
1 EL helle Sojasauce
250 g Schweinekoteletts ohne Knochen mit dünnem Fettrand, in dünne Streifen geschnitten
3 EL Schweineschmalz oder Speiseöl
1 cm Ingwerwurzel, fein gehackt
2 grosse rote Chilis, entkernt und fein gehackt
2 Knoblauchzehen, fein gehackt
2 Sternaniskapseln
1 EL gelbe Bohnensauce
175–250 g Bambussprossen aus der Dose (Abtropfgewicht), abgespült und in dünne Scheiben geschnitten
Salz, frisch gemahlener schwarzer Pfeffer

1 Die Garnelenschalen gründlich abspülen und in einen mit Wasser gefüllten Topf legen. Zum Kochen bringen und zugedeckt 20 Minuten auf kleiner Flamme auskochen. Die Brühe durch ein feines Sieb seihen und die Schalen entfernen.
2 Das Mehl mit der Sojasauce verrühren. Damit die Kotelettstreifen einreiben und einige Minuten ruhen lassen.
3 Schmalz oder Öl im Wok erhitzen. Den Ingwer, die Chilis und den Knoblauch 1 bis 2 Minuten pfannenrühren. Dann die Fleischstreifen darin auf grosser Flamme 2 Minuten unter Rühren anbraten.
4 Den Sternanis, die gelbe Bohnensauce und die Garnelenbrühe einrühren. Auf grosser Flamme 2 bis 3 Minuten kochen lassen.
5 Die Garnelen und Bambussprossen zufügen und 2 Minuten rühren. Abschmecken und 1 weitere Minute garen. Danach sofort servieren.

Bandakka Curry

Okracurry (Sri Lanka)

Ähnliche Currys gibt es in ganz Indien ebenso wie in Malaysia. Dieser schmeckt ausgezeichnet zu Ikan Masak Molek, dem klassischen malayischen Fischcurry (Rezept Seite 36). Wenn Sie beides zusammen essen, brauchen Sie für den Okracurry keine Sauce zu machen, da der Fischcurry ausreichend Sauce hat. Für 4 Personen als Beilage oder für 2 Personen als Hauptgericht mit Reis.

500 g Okraschoten, geputzt und quer in dünne Scheiben geschnitten
½ TL gemahlener Kurkuma
½ TL Cayennepfeffer oder Paprika
½ TL Salz
125 ml Speiseöl zum Braten

Für die Currysauce
2 EL Speiseöl
1 kleine Zwiebel, in dünne Ringe geschnitten
2 grosse grüne Chilis, entkernt und fein zerschnitten
1 grosse Prise gemahlener Kurkuma
1 TL gemahlener Koriander
½ TL gemahlener Kreuzkümmel
1 cm Zimtstange
4 frische oder getrocknete Curryblätter (siehe Seite 26), nach Belieben
1 TL Salz
175 ml Kokosmilch (siehe Seite 141)
frisch gemahlener schwarzer Pfeffer

1 Für die Currysauce das Öl in einem Topf erhitzen. Die Zwiebel 4 Minuten pfannenrühren. Die restlichen Saucenzutaten bis auf die Kokosmilch zufügen und 1 Minute rühren.
2 Anschliessend die Kokosmilch zugiessen, zum Kochen bringen und über reduzierter Hitze 10 Minuten kochen lassen. Abschmecken.
3 Die Okrascheiben mit Kurkuma, Cayennepfeffer oder Paprika und etwas Salz vermischen.
4 Das Öl im Wok oder in einer Pfanne erhitzen. Die Okrascheiben, falls nötig, in 2 Portionen nacheinander je 3 Minuten unter ständigem Rühren knusprig braten.
5 Mit einem Sieblöffel die Okrascheiben aus dem Wok heben und auf Küchenpapier entfetten.
6 Die Okrascheiben können je nach Geschmack knusprig oder weich serviert werden. Wenn man sie weich vorzieht, die Currysauce bis zum Siedepunkt wieder erhitzen. Die gebratenen Okrascheiben einrühren und 1 Minute auf kleiner Flamme ziehen lassen. Mag man sie knusprig, muss man die Sauce getrennt dazu servieren.

La Han Chai

Buddhas Entzücken (China)

Die 18 Hauptzutaten des Originalrezeptes versinnbildlichen die 18 Schüler Buddhas, daher der Name «Buddhas Entzücken». Für 4 bis 6 Personen als Beilage. Abbildung auf Seite 97.

15 g Goldnadeln (siehe Seite 27), nach Belieben
15 g Wolkenohren (siehe Seite 21), nach Belieben
60 g getrocknete Shiitake-Pilze
125 g Glas-Vermicelli (siehe Seite 25)
175 g Kaiserschoten (Kefen)
175 g Mini-Maiskolben, längs halbiert
2 EL Erdnussöl
4 Frühlingszwiebeln, diagonal in Scheiben geschnitten
15 g frischer Ingwer, geschält und gehackt
250 g Strohpilze aus der Dose (Abtropfgewicht) oder 250 g kleine Champignons
1 TL Zucker
2 EL helle Sojasauce
250 g gebratener Tofu (siehe Seite 24), in Scheiben geschnitten
90–125 g Ginkgonüsse aus der Dose (siehe Seite 22), nach Belieben
½ TL Sesamöl
Salz, frisch gemahlener schwarzer Pfeffer

1 Die Goldnadeln 10 Minuten in kochend heissem Wasser einweichen. Abtropfen lassen und die harten Enden von den Knospen wegschneiden. Jede Nadel in 2 Teile schneiden.
2 Die Wolkenohren einweichen (siehe Seite 155). Danach in kleine Stücke schneiden. Die getrockneten Shiitake-Pilze 30 Minuten einweichen, abtropfen lassen und ihr Einweichwasser bereithalten. Die Stiele der Shiitake-Pilze entfernen und die Kappen halbieren.
3 Die Glas-Vermicelli 5 Minuten in heissem Wasser einweichen, abtropfen lassen und mit einer Schere in kurze Abschnitte schneiden.
4 Die Kaiserschoten und die Maiskölbchen 1 Minute in kochendem Wasser blanchieren, kalt abschrecken und abtropfen lassen.
5 Das Öl in Wok erhitzen. Die Frühlingszwiebeln und den Ingwer 20 Sekunden pfannenrühren. Alle Pilze und die Goldnadeln einrühren und 30 Sekunden pfannenrühren.
6 Den Zucker, die Sojasauce, den gebratenen Tofu, die Kaiserschoten und die Maiskölbchen sowie 125 ml des Einweichwassers der Shiitake zufügen. Zugedeckt auf kleiner Flamme 3 Minuten kochen lassen.
7 Die Vermicelli, die Gingkonüsse und das Sesamöl unterheben. Weitere 2 Minuten pfannenrühren, abschmecken und heiss servieren.

Aloo Baigan Korma

Gemüseragout mit Joghurtsauce (Indien)

Dies ist ein vegetarisches Gericht mit den Hauptzutaten Auberginen und Kartoffeln. Ihm sind jedoch noch andere Gemüse zugefügt, damit es ein sättigendes Eintopfgericht wird. Mit Reis oder Fladenbrot servieren.

3 EL Speiseöl
1 grosse Zwiebel, fein gewürfelt
2 EL gemahlener Koriander
2 EL gemahlener Kreuzkümmel
1 TL gemahlener Kurkuma
2 Knoblauchzehen, fein gehackt
2 TL fein gehackter Ingwer
120 ml Naturjoghurt, verquirlt
2 EL gemahlene Mandeln
4 Tomaten, abgezogen, entkernt und grob zerschnitten
120 ml heisses Wasser
6 mittelgrosse neue Kartoffeln, gebürstet und längs geviertelt
2 mittelgrosse Auberginen, quer halbiert und in je 8 Stücke geschnitten
1 TL Salz
1–2 grosse rote Chilis, entkernt und fein gehackt
10 ganze Minikarotten oder 4–5 mittelgrosse Karotten, diagonal in Scheiben geschnitten
250 g Spargelbohnen (siehe Seite 21) oder Prinzessbohnen, in 5 cm lange Abschnitte geschnitten
4 EL Koriandergrün als Garnitur

1 Das Öl in einem grossen Schmortopf erhitzen. Die Zwiebel zufügen und unter ständigem Rühren 6 Minuten dünsten.
2 Den gemahlenen Koriander, Kurkuma und Kreuzkümmel einrühren und 1 Minute dünsten. Danach den Knoblauch und den Ingwer zufügen.
3 Den Joghurt nach und nach zugiessen und unter ständigem Rühren 1 bis 2 Minuten kochen lassen. Die gemahlenen Mandeln, die Hälfte der zerschnittenen Tomaten und das heisse Wasser einrühren. Anschliessend die Kartoffeln und die Auberginen unterheben und salzen. Auf kleiner Flamme im geschlossenen Topf 7 Minuten schmoren.
4 Die Chilis, die Karotten und die Bohnen unterheben. Durchrühren und den Deckel auflegen. Auf kleinster Flamme etwa 15 Minuten garen, bis alles Gemüse weich ist.
5 Die restlichen Tomaten unterheben und, falls nötig, nachsalzen. Weitergaren, bis die Tomaten heiss sind. Vom Feuer nehmen und mit dem feingeschnittenen Koriandergrün bestreuen.

Tomaten
Neue Kartoffeln
Aubergine
Salz
Roter Chili
Junge Karotten
Spargelbohnen
Koriandergrün

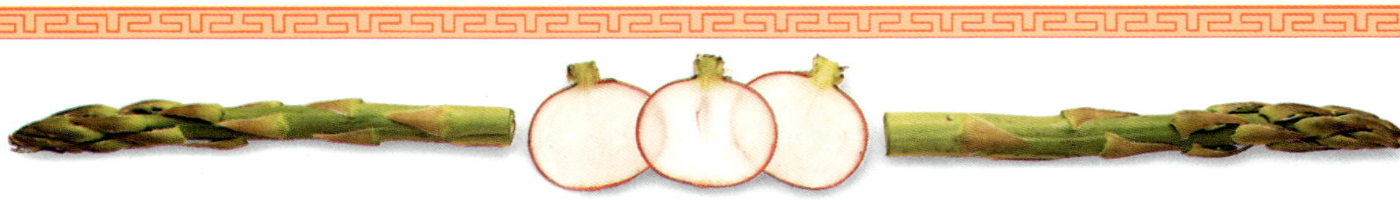

Chai Siu Ngo

Vegetarischer Gänsebraten (China)

Dies ist ein klassisches vegetarisches Gericht. Nach dem Fritieren ähneln die Tofublätter der Haut einer gebratenen Gans. Für 4 Personen als Appetithappen oder als Teil eines Dim-Sum-Essens.

8 getrocknete Shiitake-Pilze, entstielt und eingeweicht (siehe Seite 155), Einweichwasser bereithalten
1 EL helle Sojasauce
1 TL Sesamöl
3 Tofublätter (siehe Seite 25)
2 Karotten, in sehr feine Streifen geschnitten (siehe Seite 154)
2–3 Selleriestangen, in sehr feine Streifen geschnitten (siehe Seite 154)
1–2 EL dunkle Sojasauce
1 EL Zucker
etwa 300 ml Speiseöl zum Fritieren

1 Das Einweichwasser der Pilze in einen kleinen Krug giessen und mit der Sojasauce und dem Sesamöl verrühren. Die Pilzkappen würfeln.
2 Die Tofublätter auf einem flachen Teller ausbreiten, mit dem Pilzwasser übergiessen und 5 Minuten weichen lassen, damit man sie besser falten kann.
3 Ein Tofublatt auf der Arbeitsplatte ausbreiten. Auf die linke Hälfte einige Karotten- und Selleriestreifen geben, mit etwas dunkler Sojasauce beträufeln und mit 1 Prise Zucker bestreuen. Die rechte Hälfte darüberschlagen, mit einigen Pilzwürfeln belegen und mit Sojasauce beträufeln.
4 Das Blatt wieder in der Hälfte umschlagen, so dass es nur noch 5 bis 7 cm breit ist. Die restlichen Tofublätter ebenso füllen und falten. Die Oberfläche der Rollen mit dunkler Sojasauce bestreichen. An den Enden nicht versiegeln.
5 Zum Fritieren das Öl in einem Wok oder Topf auf 150 °C erhitzen. Zum Ausbacken in der Pfanne etwa 2 Esslöffel Öl erhitzen. Eine Rolle hineinlegen und 2 bis 3 Minuten backen, dabei einige Male wenden, bis sie braun und knusprig ist.
6 Mit einem Sieblöffel aus der Pfanne heben und auf Küchenpapier entfetten. Im heissen Ofen warmhalten, bis alle Rollen ausgebacken sind. Jede Rolle quer in 5 bis 7 cm dicke Scheiben schneiden. Sofort servieren, denn die Tofublätter werden zäh, wenn sie kalt sind.

Shira Ae

Gemüsesalat mit Sesam-Dressing (Japan)

Das Sesam-Dressing kann zu allem möglichen Gemüse gereicht werden – zu gekochtem, rohem oder einer Mischung aus beidem. Das Dressing ist auch ein ausgezeichneter Dip für Crudités. Für 4 bis 6 Personen als Beilage oder Vorspeise.

4–8 Spargelstangen, geschält und diagonal in dünne Scheiben geschnitten
125 g Blumenkohl, in kleine Röschen gebrochen
1 mittelgrosse gelbe Zucchini, in sehr dünne Streifen geschnitten (siehe Seite 154)
4 Radieschen, in sehr dünne Streifen geschnitten und kalt eingeweicht
1 kleine rote Paprikaschote, entkernt und in sehr dünne Streifen geschnitten

Für das Dressing
4 EL Sesamsaat
1 EL Zucker
1 TL Salz
2 TL helle Sojasauce
2 EL Reisessig (siehe Seite 29)
3 EL Bonito-Brühe (siehe Seite 30)
1 EL Mirin (siehe Seite 29)
¼ TL frisch gemahlener weisser Pfeffer, nach Belieben
300–375 g Seidentofu

1 Für das Dressing alle Zutaten bis auf den Tofu im Mixer vermischen.
2 Anschliessend den Tofu in kleinen Stücken hineingeben und untermischen. Das Dressing abschmecken, in eine Glasschale geben und bis zum Servieren in den Kühlschrank stellen.
3 Die Spargelscheiben 4 Minuten in kochendem Wasser garen. Danach in einem Sieb abtropfen lassen, kalt abschrecken und wieder abtropfen lassen.
4 Die Blumenkohlröschen 3 Minuten, die Zucchinistreifen nur 1 Minute blanchieren und kalt abschrecken. Die Radieschen abtropfen lassen.
5 Das Gemüse nach Sorten getrennt als Rand auf 4 bis 6 Tellern anrichten, einige Löffelvoll Sesam-Dressing in die Mitte giessen und servieren

Yam Woon Sen

Scharf gewürzter Glasnudelsalat mit Garnelen und Schweinefleisch (Thailand)

Für 4 bis 6 Personen als kleines Mittagessen oder für 6 bis 8 Personen als Vorspeise.

7 g Wolkenohren (siehe Seite 21), nach Belieben
200 g Glas-Vermicelli (siehe Seite 25)
3 EL Speiseöl
30 g getrocknete Garnelen (siehe Seite 31)
15 g getrocknete Knoblauchflocken
350 g mageres Schweinegehacktes
Salz, frisch gemahlener schwarzer Pfeffer
45 g Schalotten, in Ringe geschnitten
60 g kleine Zwiebeln, in dünne Ringe geschnitten
1 Frühlingszwiebel, quer in dünne Scheiben geschnitten
45 g frische zarte Sellerieblätter
4 EL Fischsauce (Nam Pla, siehe Seite 28)
4 EL Zitronensaft
30 g Zucker
4–6 kleine scharfe rote Chilis, entkernt und fein gehackt
16 gekochte Riesengarnelen, geschält
125 g frisches Koriandergrün
rote Chiliblumen (siehe Seite 155) als Garnitur

1 Die Wolkenohren in 450 ml warmem Wasser einweichen (siehe Seite 155). Danach abspülen, in dünne Streifen schneiden und bereithalten.
2 Die Nudeln mit heissem Wasser übergiessen, 5 Minuten weichen und danach abtropfen lassen. Mit einer Schere in 7 bis 10 cm lange Abschnitte schneiden.
3 In einer kleinen Pfanne 2 Esslöffel Öl erhitzen und darin die getrockneten Garnelen knusprig fritieren. Mit einem Sieblöffel herausheben und auf Küchenpapier entfetten.
4 Das Öl wieder erhitzen. Den Knoblauch 1 bis 2 Minuten braten, bis er braun und knusprig ist. Herausheben und auf Küchenpapier entfetten. Das restliche Öl in einer zweiten Pfanne erhitzen. Das grob gehackte Schweinefleisch zufügen, auf grosser Flamme 3 bis 4 Minuten pfannenrühren, bis es durchgebraten ist, und würzen.
5 In einer Glasschüssel Schalotten, Zwiebeln, Frühlingszwiebeln, Sellerieblätter und Wolkenohren vermischen. Mit der Fischsauce, dem Zitronensaft und den Chilis überziehen.
6 Etwa 10 Minuten vor dem Servieren diese Mischung mit den Nudeln, dem Fleisch, den Riesengarnelen und dem Koriandergrün vermengen.
7 Den Salat auf einer grossen Servierplatte anrichten, mit den knusprig fritierten Garnelen und Knoblauchflocken bestreuen und nach Belieben mit Chiliblüten garnieren.

Yam Pla Muek Mamuang

Tintenfischsalat mit grüner Mango (Thailand)

Manche grünen unreifen Mangos sind sehr sauer, was man leider nur beim Kosten feststellt. Sie müssen dann vor der Verwendung leicht gesalzen und gezuckert werden, wie unten beschrieben. Für 4 bis 6 Personen als Vorspeise. Abbildung auf Seite 111.

2 kleine grüne unreife Mangos (siehe Seite 23), geschält und in dünne Scheiben oder Stäbchen geschnitten
750 g kleine Tintenfische, nur die Körpersäcke, geputzt und in Ringe geschnitten (siehe Seite 150)
1 Handvoll frisches Koriandergrün
1 Handvoll frisches Thai-Basilikum (siehe Seite 26)
Salatblätter nach Belieben

Für das Dressing
Saft von 2 Limetten
1 EL Zucker
2 EL Fischsauce (Nam Pla, siehe Seite 28)
1–3 frische rote Vogelaugenchilis, fein gehackt
1 cm frisches Zitronengras, nur das Innere, fein gehackt
1 Schalotte, fein gewürfelt
2 EL heisses Wasser
1 Knoblauchzehe, fein gehackt, nach Belieben
1 EL fein geschnittenes Koriandergrün

1 Die aufgeschnittene Mango kosten. Sollte sie zu sauer sein, in ein Abtropfsieb legen, mit je 1 Esslöffel Salz und Zucker bestreuen und 1 Stunde ziehen lassen. Danach gründlich unter fliessendem kaltem Wasser abspülen und abtropfen lassen.
2 Die Tintenfischringe 4 Minuten in leicht gesalzenem kochendem Wasser garen. In einem Sieb abtropfen und abkühlen lassen. Alle Zutaten für das Dressing in einer Schüssel vermischen.
3 Etwa 1 Stunde vor dem Servieren die Tintenfischringe, die Mangoscheiben, das Koriandergrün und die Basilikumblätter mit dem Dressing vermischen. Bei Raumtemperatur durchziehen lassen. Auf Salatblättern anrichten und sofort servieren.

NUDELN UND REIS

Ohne Reis und ohne Nudeln wären Asiens Küchen völlig anders. Nicht alle Asiaten leben freilich davon. Andere Grundnahrungsmittel – Mais, Sago und Kassava – herrschen in einigen weniger bevölkerten Gegenden vor. Reis ist eines der vielseitigsten Nahrungsmittel. Nur noch Nudeln können mithalten. Doch Nudeln sind ein Produkt des Stadtlebens. Dagegen erinnert Reis, auch wenn er geschält und poliert ist, immer an das Leben auf dem Lande.

Udon Suki

Japanischer Nudeltopf (Japan)

Dies ist eine Art japanisches Fondue-Essen, wobei die Brühe leise in einem Feuertopf oder in einem elektrischen Topf auf dem Tisch kocht. Man kann jedoch dieses Gericht auch in einzelnen Suppenschalen auf den Tisch bringen.

375 g getrocknete Udon-Nudeln (siehe Seite 24)
2 mittelgrosse Karotten, in dünne Scheiben geschnitten
12–16 Kaiserschoten
375 g Spinatblätter oder Broccoliröschen
8 Blätter Pak Choi oder Chinakohl
4 frische Shiitake-Pilze oder braune Champignons, entstielt, Kappen halbiert
8–12 rohe Riesengarnelen, geschält und entdärmt (siehe Seite 82)
250–375 g Hühnerbrust, in dünne Scheiben geschnitten
½ TL Salz
2 TL Zitronensaft

Für die Brühe
1,5 l Bonito-Brühe (siehe Seite 30) oder Hühnerbrühe
4–6 EL helle Sojasauce
2 EL Mirin (siehe Seite 29)

Für die Würzbeilagen
4 Frühlingszwiebeln, fein geschnitten
1 EL fein gehackter Ingwer
1 Zitrone, geviertelt

1 Die Nudeln in reichlich kochendem Wasser 18 Minuten garen. In ein Sieb schütten, kalt abspülen und abtropfen lassen.
2 Die Karotten in leicht gesalzenem kochendem Wasser 3 Minuten, die Kaiserschoten 2 Minuten blanchieren und kalt abschrecken.
3 Den Spinat oder Broccoli 2 Minuten blanchieren, kalt abschrecken und abtropfen lassen.Den Spinat zwischen den Handflächen ausdrücken. Danach in 4 Portionen teilen.
4 Die Pak-Choy- oder Kohlblätter 2 Minuten blanchieren. Gründlich abtropfen lassen. Jedes Blatt mit Hilfe einer Bambusmatte (siehe Seite 149) oder eines Küchentuchs zu einem Röllchen wickeln. Jedes Röllchen in 4 Abschnitte schneiden.
5 Das vorbereitete Gemüse, die Pilze und gekochten Nudeln auf eine grosse Servierplatte legen. Die Garnelen in kochendem Wasser 2 Minuten garen, herausheben und auf eine kleinere Platte legen. Die Fleischscheiben mit Salz und Zitronensaft einreiben und neben die Garnelen legen.
6 Will man das Gericht am Tisch fertigstellen, werden die Platte mit dem Gemüse und den Nudeln, die Platte mit den Garnelen und Fleischscheiben sowie die verschiedenen Würzbeilagen auf dem Tisch angeordnet. Vor jeden Gast stellt man eine tiefe Suppenschale.
7 Die Zutaten für die Brühe auf dem Herd sprudelnd aufkochen. Die Brühe im Topf auf den Tisch stellen.
8 Die Gäste bedienen sich selbst mit Gemüse, Nudeln, Garnelen und Fleisch und garen sie in dem Topf mit der siedenden Brühe. Das Fleisch und die Pilze benötigen 3 Minuten. Alles andere wird in der Brühe nur wieder erwärmt.
9 Die Gäste legen das, was sie gegart haben, in ihre Schalen, löffeln etwas Brühe darüber und nehmen von den Gewürzbeilagen. In japanischen Familien, wo nur Chopsticks benutzt werden, wird die Brühe wie Tee aus den Schalen getrunken.
10 Die Brühe kann auch in einem grossen Topf auf dem Herd erhitzt werden. Darin das Hühnerfleisch 3 Minuten garen. Die rohen Garnelen zufügen und 1 Minute garen. Danach das Gemüse und die Nudeln hineingeben und weitere 2 Minuten garen. Den Nudeltopf in Suppenschalen auftragen.

Char Kwee Teow

Reisnudeln mit Garnelen und Schweinefleisch (Singapur)

Das Gericht stammt aus China und ist seit langem in Singapur und Malaysia ein beliebter Strassenimbiss.

2 l kaltes Wasser
1 TL Salz
250 g Reisbandnudeln (siehe Seite 25), 5–10 mm breit
5 EL Speiseöl
3 Schalotten, in feine Streifen geschnitten
2 EL gelbe Bohnensauce
1 TL gemahlener Koriander
½ TL gemahlener Kreuzkümmel
1 grosse Prise gemahlener Kurkuma
¼ TL Cayennepfeffer
2 EL heisses Wasser
2 EL Schweineschmalz oder Speiseöl
125 g Schweinefilet, in dünne Streifen geschnitten
8–12 rohe Riesengarnelen, geschält und entdärmt (siehe Seite 82)
3 Knoblauchzehen, in Scheiben geschnitten
1 TL fein gehackter Ingwer
1 grosse rote Chili, entkernt und diagonal in dünne Scheiben geschnitten
60 g Bohnensprossen, abgespült und geputzt
1 EL dunkle Sojasauce
1 EL helle Sojasauce
1 EL heisses Wasser oder Brühe
5 Frühlingszwiebeln, in 2 cm lange Abschnitte geschnitten
Salz, frisch gemahlener schwarzer Pfeffer

1 Das Wasser in einem grossen Topf zum Kochen bringen und salzen. Die Nudeln einrühren und 2–3 Minuten garen. In ein Sieb schütten, kalt abspülen und abtropfen lassen.
2 Im Wok 2 Esslöffel Öl erhitzen und darin die Schalotten 2 Minuten dünsten. Die gelbe Bohnensauce, alle Gewürze und das heisse Wasser zufügen und 1–2 Minuten pfannenrühren.
3 Die Nudeln zugeben, in der Sauce wenden und unter ständigem Rühren erhitzen. In eine grosse Schüssel schütten, mit Aluminiumfolie abdecken und im heissen Ofen warm halten.
4 Den Wok mit Küchenpapier auswischen. Schmalz oder Öl hineingeben und erhitzen. Das Schweinefleisch einstreuen und unter ständigem Rühren 3 Minuten braten. Mit einem Sieblöffel herausnehmen und auf Küchenpapier entfetten.
5 Das Öl im Wok wieder erhitzen und darin die Garnelen 3 Minuten pfannenrühren. Mit einem Sieblöffel herausnehmen und auf Küchenpapier entfetten.
6 Den Knoblauch und den Ingwer einstreuen und einige Minuten pfannenrühren. Danach den Chili, die Bohnensprossen sowie die dunkle und helle Sojasauce, heisses Wasser oder Brühe zufügen und 2 Minuten kochen lassen.
7 Das Fleisch und die Garnelen wieder in den Wok geben und die Frühlingszwiebeln unterheben. Unter ständigem Rühren 1 Minute erhitzen. Abschmecken und über den Nudeln anrichten.

Pancit Guisado

Gebratene Nudeln mit Fleisch (Philippinen)

2,5 l Wasser
½ TL Salz
375–500 g Eier- oder Reisnudeln
3 EL Schweineschmalz oder Olivenöl
1 mittelgrosse rote Zwiebel, gewürfelt
3 Knoblauchzehen, gehackt
1 cm Ingwer, fein gehackt
1 grosse rote Chili, entkernt und fein gehackt
175–250 g Schweinefilet, quer in dünne Scheiben geschnitten
1 grosse Hühnerbrust, quer in dünne Scheiben geschnitten
250–375 g rohe Chorizo, in etwa 1 cm dicke Scheiben geschnitten
125 g Weisskohl oder Pak Choy, in breite Streifen geschnitten
2 Karotten, in dünne Scheiben geschnitten
5 EL heisses Wasser oder Hühnerbrühe
1 TL Garnelenpaste (siehe Seite 31), nach Belieben
2 EL helle Sojasauce
60 g chinesischer Schnittlauch (siehe Seite 26), in 2 cm lange Abschnitte geschnitten
3 Frühlingszwiebeln, in 2 cm lange Abschnitte geschnitten
frisch gemahlener schwarzer Pfeffer

1 Das Wasser in einem grossen Topf zum Kochen bringen und salzen. Die Nudeln einrühren und 3 Minuten garen. Auf ein Sieb schütten, kalt abspülen und abtropfen lassen.
2 Das Schmalz oder Öl im Wok erhitzen. Zwiebel, Knoblauch, Ingwer und Chili darin 2 Minuten pfannenrühren. Das Fleisch zufügen und 2 Minuten unter Rühren braten. Das Hühnerfleisch und die Wurst zugeben und 2 bis 3 Minuten pfannenrühren.
3 Den Kohl und die Karotten unterheben. Wasser oder Brühe, die Garnelenpaste und Sojasauce einrühren. Unter ständigem Rühren 3 Minuten garen.
4 Die Nudeln, den Schnittlauch und die Frühlingszwiebeln unterheben und erhitzen. Abschmecken und sofort servieren.

Chapchae

Warme Reisnudeln mit Gemüse (Korea)

Dieses Nudelgericht besteht gewöhnlich aus Rindfleisch, Gemüse und Pilzen. Doch wie so oft in Asien, wird nur wenig Fleisch verwendet. Das Gemüse wird in winzige Streifen geschnitten, so dass man es kaum von den Pilzen unterscheiden kann. Meine vegetarische Variante hat die Würze und Konsistenz des Originalrezepts, verzichtet aber auf Fleisch.
Für 4 Personen als Vorspeise oder für 2 Personen als leichtes Mittagessen.

200 g Reis-Vermicelli (siehe Seite 25)
2 EL helle Sojasauce
1 TL Sesamöl
2 EL Speiseöl
2 Schalotten, in feine Streifen geschnitten
2–4 kleine getrocknete Chilis, gehackt, oder Salz und frisch gemahlener schwarzer Pfeffer
2 mittelgrosse Karotten, in dünne Streifen geschnitten (siehe Seite 154)
1–2 Lauchstangen, gründlich gewaschen und in dünne Streifen geschnitten (siehe Seite 154)
125 g frische Shiitake-Pilze oder 60 g getrocknete, eingeweicht (siehe Seite 155), entstielt, Kappen in dünne Streifen geschnitten

Für die Garnitur
250 g Spinatblätter, blanchiert
1 dünne Omelette aus 2 verquirlten Eiern, in dünne Streifen geschnitten
2 TL geröstete Sesamsaat (siehe Seite 155)

1 Die Reis-Vermicelli mit warmem Wasser bedecken und 20 Minuten weichen lassen. In einem Sieb abtropfen lassen und bereithalten.
2 Die Sojasauce und das Sesamöl im Wok erhitzen. Die Nudeln hineingeben und 2 Minuten pfannenrühren. Danach in eine grosse Schüssel schütten. Den Wok mit Küchenpapier auswischen.
3 Das Speiseöl im Wok erhitzen. Die Schalotten und die getrockneten Chilis einstreuen und 2 Minuten pfannenrühren. Die Karotten- und Lauchstreifen zufügen und weitere 2 Minuten rühren. Danach die Pilze unterheben und unter Rühren 2 bis 3 Minuten braten.
4 Abschmecken mit Salz und Pfeffer, falls keine Chilis verwendet wurden. Den Wok vom Herd nehmen. Die Nudeln mit dem heissen Gemüse vermengen.
5 Die Teller mit den blanchierten Spinatblättern auslegen und darauf die Nudeln und das Gemüse verteilen. Mit den Omelettestreifen garnieren und mit geröstetem Sesam bestreuen. Kalt oder warm servieren.

Schalotten

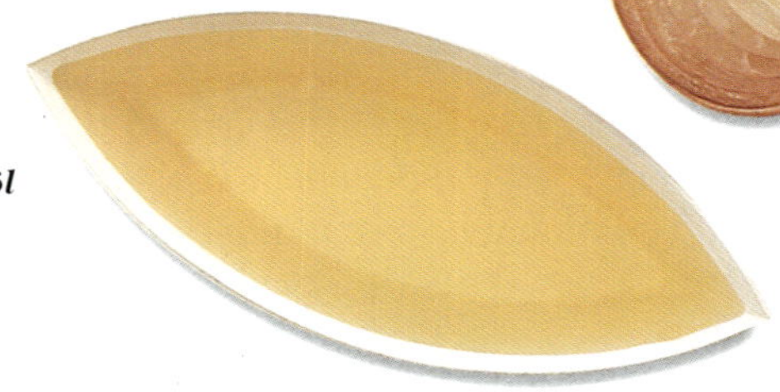

Speiseöl

Sesamöl

Helle Sojasauce

Reis-Vermicelli

Karotten-
streifen
Lauch-
streifen
Shiitake-
Pilze
Spinatblätter
Omelette-
streifen
Geröstete
Sesamsaat
Getrocknete
rote Chilis

Hai Jo Mah Ji Mee

Yifu-Nudeln mit Krebsfleischsauce (China)

Die Kombination von getrocknetem Fisch, Krebsfleisch und Strohpilzen ist typisch für Südchina. Frische Eiernudeln können statt Yifu-Nudeln verwendet werden. Sie müssen aber kurz fritiert werden, bevor man sie in die heisse Brühe gibt.

60 g getrocknete Sardellen (siehe Seite 30) oder getrocknete Garnelen (siehe Seite 31)
375–450 g Yifu-Nudeln (siehe Seite 24) oder 500 g frische Eiernudeln
etwa 300 ml Speiseöl zum Fritieren (nur bei Verwendung von frischen Eiernudeln)
600 ml kochende Geflügelbrühe oder kochendes Wasser
1 EL Ingwersaft (siehe Seite 150)
4 EL Hühnerbrühe
1 EL Austernsauce
½ TL frisch gemahlener schwarzer Pfeffer
1 EL dunkle Sojasauce
125 g frisches weisses Krebsfleisch
½ TL Sesamöl
125 g Strohpilze (Abtropfgewicht), abgespült und halbiert, oder 175 g frische Austernpilze, in heisser Brühe 1 Minute blanchiert und in Streifen geschnitten
4–6 Frühlingszwiebeln, diagonal in dünne Scheiben geschnitten
Salz

1 Die getrockneten Sardellen oder Garnelen auf ein Backblech legen und im 160 °C heissen Ofen 6 bis 8 Minuten knusprig rösten. Abkühlen lassen und im Mixer zermahlen oder im Mörser pulverfein zerstossen.
2 Die getrockneten Yifu-Nudeln in eine Schüssel geben. Frische Eiernudeln im Wok oder in der Friteuse 2 bis 3 Minuten fritieren. Mit einem Sieblöffel aus dem Öl heben und in eine Schüssel geben.
3 Die kochende Brühe oder das mit Ingwersaft gewürzte Wasser über die Yifu-Nudeln oder die fritierten Eiernudeln giessen. 2 bis 3 Minuten weichen lassen. Dann in ein Abtropfsieb schütten.
4 Den Wok 2 Minuten trocken erhitzen. Die pulverisierten Sardellen oder Garnelen und sofort danach 4 Esslöffel Hühnerbrühe hineinschütten. Den Wok schwenken und die Austernsauce, den Pfeffer, die Sojasauce, das Krebsfleisch und das Sesamöl einrühren.
5 Die Pilze und die Nudeln in den Wok geben. Mit Chopsticks durchrühren und alle Zutaten gründlich vermengen. Die Frühlingszwiebeln und falls nötig etwas Salz zufügen. Eine weitere Minute durchrühren und sofort servieren.

Khao pad Khai Horapha

Gebratener Reis mit Huhn und Basilikum (Thailand)

125 ml Speiseöl
1 Handvoll frisches Thai-Basilikum (siehe Seite 26)
3 Schalotten, in feine Streifen geschnitten
2 Knoblauchzehen, in feine Scheiben geschnitten
1 grosse rote Chili, entkernt und fein gehackt
375 g Hühnerfleisch, in dünne Streifen geschnitten
500 g gekochter Jasminreis (siehe Seite 156)
1 EL fein gehackte Frühlingszwiebeln
2 TL Fischsauce (Nam Pla, siehe Seite 28)
Salz

1 Das Öl im Wok erhitzen. Die Basilikumblättchen einstreuen und 1 bis 2 Minuten fritieren. Mit einem Sieblöffel herausheben und auf Küchenpapier entfetten.
2 Die Schalotten einstreuen und 2 bis 3 Minuten pfannenrühren, bis sie zu bräunen beginnen. Mit dem Sieblöffel herausheben und auf Küchenpapier abtropfen lassen.
3 Das Öl bis auf 2 Esslöffel aus dem Wok schütten. Den Wok wieder aufs Feuer setzen. Den Knoblauch und den Chili einstreuen und 1 Minute rühren. Das Hühnerfleisch zufügen und 3 Minuten unter ständigem Rühren braten. Den gekochten Reis und die Frühlingszwiebeln hineingeben und unter Rühren erhitzen. Mit der Fischsauce beträufeln und falls nötig mit Salz abschmecken.
4 Die Hälfte des fritierten Basilikums unterheben. Den Reis in einer Servierschüssel anrichten und mit dem restlichen Basilikum und den gerösteten Schalotten bestreuen. Sofort servieren.

Nasi Kebuli

Würziger Reis mit fritiertem Huhn (Indonesien)

Das Gericht war ursprünglich ein Pilaw aus dem Mittleren Orient.

Für die Brühe

1 Huhn von 1,75–2 kg, in 8–10 Stücke geschnitten (siehe Seite 153)
3 Schalotten oder 1 Zwiebel, gewürfelt
2 Knoblauchzehen, fein gehackt
1 EL gemahlener Koriander
1 TL gemahlener Kreuzkümmel
1 cm frischer Galgant (siehe Seite 27)
5 cm frisches Zitronengras
1 kleine Zimtstange
2 Gewürznelken
¼ TL geriebene Muskatnuss
2 TL Salz
2 l kaltes Wasser

etwa 300 ml Speiseöl zum Fritieren
500 g Basmatireis, 1 Stunde kalt eingeweicht

Für die Garnitur

½ Gurke, in Scheiben geschnitten
2 EL Röstzwiebeln (Rezept Seite 132)
1 Handvoll glattblättrige Petersilie

1 Alle Zutaten für die Brühe in einem grossen Topf zum Kochen bringen und auf kleiner Flamme 50 Minuten kochen lassen. Die Hühnerfleischstücke herausheben. Die Brühe weitere 10 Minuten sieden lassen. Danach durch ein Sieb in eine Schüssel seihen. Von der Brühe 900 ml abnehmen, entfetten und bereithalten.
2 In einen Topf 2 Esslöffel vom Öl geben. Das restliche Öl im Wok oder einer Friteuse auf 180 °C erhitzen. Die Hühnerfleischstücke darin in 2 Portionen je 10 bis 15 Minuten fritieren und dabei vorsichtig hin und her bewegen, bis die Haut gleichmässig gebräunt und knusprig ist.
3 Das Fleisch aus dem Öl heben und auf Küchenpapier entfetten.
4 Inzwischen das Öl im Topf erhitzen. Den abgetropften Reis hineinschütten und darin wenden. Die bereitgehaltene Brühe einrühren. Über mittlerer Hitze kochen, bis der Reis die Flüssigkeit aufgesogen hat.
5 Zudecken und den Reis bei kleinster Hitze 10 bis 12 Minuten ziehen lassen. Danach den Topf vom Herd nehmen, auf ein feuchtes Küchentuch stellen und 5 Minuten zugedeckt stehen lassen.
6 Den Reis in die Mitte einer grossen Servierplatte aufhäufen. Mit dem Hühnerfleisch umlegen, mit den Gurkenscheiben belegen und mit den Röstzwiebeln sowie der Petersilie bestreuen.

Brinjal Pullao

Auberginen-Pilaw (Südindien)

Dies ist eines meiner Lieblingsgerichte, seit ich es von einem südindischen Koch in Neu-Delhi gelernt habe. Es ist leicht zuzubereiten und höllisch scharf. Für 2 Personen.

2 EL gespaltene Mungbohnen (siehe Seite 31), 5 Minuten geröstet (siehe Seite 155)
2–4 kleine getrocknete rote Chilis, 5 Minuten geröstet (siehe Seite 155)
etwa 300 ml Speiseöl zum Fritieren
1 mittelgrosse Aubergine, in große Würfel geschnitten, oder 8 Miniauberginen
2 EL Ghee (siehe Seite 29) oder Erdnussöl
½ TL gelbe Senfkörner
1 TL fein gehackter Ingwer
¼ TL gemahlener Kurkuma
375 g gekochter Basmatireis (siehe Seite 156)
1 TL Zitronensaft
Salz, frisch gemahlener schwarzer Pfeffer

1 Die gerösteten Mungbohnen und Chilis im Mörser zu grobem Pulver zerstossen.
2 Das Öl im Wok oder in einer Pfanne erhitzen. Die Auberginenwürfel darin 5 bis 6 Minuten braten. Mit einem Sieblöffel herausheben und auf Küchenpapier entfetten.
3 Bei der Verwendung von Miniauberginen diese nach dem Braten so halbieren, dass sie noch am Stielansatz zusammenhängen. Das Öl aus dem Wok giessen.
4 Das Ghee im Wok erhitzen. Die Senfkörner einstreuen und 1 bis 2 Minuten rösten. Danach den Ingwer und den Kurkuma einrühren. Den Reis zufügen und heiss rühren.
5 Den Zitronensaft darüberträufeln und die gebratenen Auberginen unterheben. Abschmecken und vor dem Servieren das Mungbohnen-Chilipulver einrühren.

Navratan Pullao

Gemüse-Pilaw (Indien)

Der Name dieses Pilaws wird manchmal auch mit «Neun-Juwelen-Pilaw» übersetzt. Die neun Juwelen oder Navratan symbolisieren die neun brillianten Minister am Hofe des Grossmoguls Akbar im 16. Jahrhundert. Hier bedeuten die Juwelen die neun verschiedenen Gemüse. Für 6 bis 8 Personen. Abbildung auf Seite 134.

Je 90 g Karotten, Rübchen, Kürbis, Pilze, Prinzessbohnen, Blumenkohl, Broccoli, dicke Bohnen, Erbsen
3 EL Ghee oder Speiseöl
1 grosse Zwiebel, in sehr dünne Streifen geschnitten
½ TL schwarzer Kreuzkümmel (siehe Seite 27)
3 grüne Kardamomkapseln
2 Gewürznelken
2,5 cm Zimtstange
¼–½ TL Cayennepfeffer
3 frische oder getrocknete Curryblätter (siehe Seite 26) oder Lorbeerblätter
Salz, frisch gemahlener schwarzer Pfeffer
500 g Basmatireis, abgespült, 30 Minuten kalt eingeweicht und abgetropft
900 ml Wasser

1 Die Karotten, Rübchen und das Kürbisfleisch in kleine Würfel, die Pilze in Scheiben und die Bohnen in kurze Abschnitte schneiden. Den Blumenkohl und den Broccoli in Röschen teilen.
2 Das Ghee oder Öl in einem grossen Topf erhitzen. Die Zwiebeln darin 5 Minuten andünsten. Danach alle Gewürze und die Curry- oder Lorbeerblätter zufügen und 30 Sekunden rühren.
3 Das gesamte Gemüse einrühren. Den Deckel auflegen und das Gemüse im eigenen Saft 4 Minuten dünsten. Danach abschmecken.
4 Den Reis einstreuen und 10 Sekunden durchrühren. Das Wasser zugiessen und sprudelnd aufkochen. Umrühren und sofort die Hitze reduzieren. Zudecken und den Reis auf kleiner Flamme 20 Minuten garen, ohne umzurühren.
5 Den Topf vom Herd nehmen, zugedeckt auf ein feuchtes Küchentuch stellen und 5 Minuten stehen lassen. Danach den Pilaw in einer Schüssel anrichten und servieren.

Nasi Kuning

Gewürzter gelber Reis (Indonesien und Malaysia)

In vielen Ländern Asiens gilt Gelb als glücksbringende, ja königliche Farbe – Gelb ist schliesslich die Farbe des Goldes. Dieses Gericht wird zu jeder Art von grosser oder kleiner Feier serviert – bei der Geburt eines Kindes, beim Bau eines Hauses, nach einem bestandenen Examen. Seine gelbe Farbe stammt vom Kurkuma.

3 EL Speiseöl
3 Schalotten, in dünne Ringe geschnitten
500 g Basmatireis, abgespült, 1 Stunde kalt eingeweicht und abgetropft
1 TL gemahlener Kurkuma
1 TL gemahlener Koriander
1 TL gemahlener Kreuzkümmel
1 Zimtstange
2 Gewürznelken
2 frische Kaffirlimettenblätter (siehe Seite 26) oder Lorbeerblätter
1 TL Salz
900 ml Kokosmilch (siehe Seite 141) oder Hühnerbrühe

1 Das Öl in einem grossen Topf erhitzen. Darin die Schalotten hell anbräunen.
2 Den Reis hineinschütten und rühren, bis er vom Öl überzogen ist. Alle Gewürze, die Limetten- oder Lorbeerblätter sowie Salz einrühren. Die Kokosmilch oder die Brühe zugiessen und zum Kochen bringen.
3 Über reduzierter Hitze kochen lassen, bis der Reis die Flüssigkeit aufgesogen hat. Danach den Deckel auflegen und die Hitze auf ein Minimum reduzieren. Den Reis ungestört 10 bis 12 Minuten garen.
4 Den Topf vom Herd nehmen, auf ein feuchtes Küchentuch stellen und 5 Minuten zugedeckt stehen lassen. Danach den Reis in eine Servierschüssel schütten und dabei die Zimtstange, die Nelken und die Limetten- oder Lorbeerblätter entfernen.

Nasi Goreng

Gebratener Reis (Indonesien)

Für ein gutes Nasi Goreng muss der Reis mindestens 2 bis 3 Stunden vor dem Braten gekocht werden, damit er Zeit zum Auskühlen hat. Für 4 bis 6 Personen als Beilage.

500 g Langkornreis, kalt abgespült und abgetropft
600 ml kaltes Wasser
3 EL Erdnussöl
3 Schalotten oder 1 kleine Zwiebel, sehr fein gewürfelt
1–3 grosse rote Chilis, entkernt und in dünne Scheiben geschnitten, oder ½ TL Cayennepfeffer
1 TL gehackter Ingwer
2 mittelgrosse Karotten, fein gewürfelt
60 g Weisskohl, in feine Streifen geschnitten
125 g kleine Champignons, geviertelt
1 TL Paprika
2 TL Tomatenmark oder Tomatenketchup
1 EL helle Sojasauce
Salz

Für die Garnitur

½ Gurke, geschält und in Scheiben geschnitten
2 EL Röstzwiebeln (Rezept Seite 132)
einige Blättchen Brunnenkresse

1 Den abgetropften Reis und das kalte Wasser in einen grossen Topf geben. Zum Kochen bringen und ohne Deckel auf kleiner Flamme 10 bis 12 Minuten kochen lassen, bis der Reis das Wasser aufgesogen hat. Den Reis mit einem Holzlöffel durchrühren und im geschlossenen Topf 10 bis 12 Minuten weitergaren.

2 Den Topf vom Feuer nehmen und zugedeckt 5 Minuten auf ein feuchtes Küchentuch stellen. Danach den Reis in eine Schüssel schütten, mit einem feuchten Küchentuch abdecken und in 2 bis 3 Stunden völlig auskühlen lassen.

3 Das Öl im Wok erhitzen. Die Schalotten und Zwiebeln, die Chilis oder den Cayennepfeffer und den Ingwer einstreuen und 1 bis 2 Minuten pfannenrühren. Die Karotten und den Kohl zufügen und weitere 2 Minuten pfannenrühren.

4 Alle weiteren Zutaten bis auf den Reis hineingeben und 6 Minuten pfannenrühren, bis das Gemüse gegart ist.

5 Den kalten Reis in den Wok schütten und auf kleiner Flamme mit dem Gemüse mengen, bis er heiss und vom Paprikapulver und Tomatenmark leicht rötlich gefärbt ist. Den Reis nicht anbrennen lassen. In eine vorgewärmte Servierschüssel füllen. Mit den Garnituren umlegen und bestreuen.

SAUCEN UND WÜRZBEILAGEN

In einem Haushalt in Asien ist die Essenszeit immer so etwas wie eine Rushhour, selbst wenn keine Gäste erwartet werden. Zuhause in meiner Kindheit in Sumatra mussten jeden Tag bis zu 20 Familienmitglieder versorgt werden. Bei so vielen gibt es stets Unterschiede in Appetit und Geschmack. Daher soll sich jeder nach seinen Vorlieben von den verschiedenen Gerichten und Würzbeilagen nehmen, die aus der Küche kommen. Man kann also sein Essen so würzen und zusammenstellen, wie es einem behagt.

Sambal Oelek

Chili-Grundsauce (Indonesien)

Diese einfache Chilisauce hält sich im Kühlschrank einige Wochen. Man braucht also nicht jedes Mal frische Chilis entkernen und hacken, wenn man nur 1 oder 2 Stück für ein Gericht benötigt. Ein Teelöffel dieser Sauce entspricht einer grossen Chilischote. Für etwa 300 ml.

250 g grosse rote Chilis
1 TL Salz
3 EL Speiseöl
1 EL Tamarindenwasser (siehe Seite 101) oder weisser Branntweinessig
2 EL heisses Wasser

1 Die Chilis in einen grossen Topf mit kochendem Wasser geben und 2 Minuten blanchieren. In ein Sieb schütten und abtropfen lassen.
2 Die Chilis in den Mixer geben, die restlichen Zutaten zufügen und alles so fein wie möglich pürieren. Das Püree in einen Topf schütten und auf kleiner Flamme unter ständigem Rühren 8 Minuten kochen lassen.
3 Die Sauce vom Herd nehmen und abkühlen lassen. Sie kann in einem luftdicht verschlossenen Glas bis zu 4 Wochen im Kühlschrank aufbewahrt werden.

Nuoc Cham

Dip-Sauce (Vietnam und Laos)

Fast jeder Appetithappen und salziger Snack wird in Vietnam mit dieser Sauce serviert. Sie soll salzig, chilischarf, knoblauchhaltig und süsssauer sein. Ändern Sie die Menge der einzelnen Zutaten nach Ihrem Geschmack ab oder nach den Gerichten, zu denen Sie die Sauce reichen. Die Karottenstreifen sind nicht nur appetitliche Farbtupfer, sie mildern auch den scharfen und salzigen Geschmack der Sauce.

4 EL Fischsauce (Nuoc Mam, siehe Seite 28)
2 EL Limetten- oder Zitronensaft
2 TL Zucker
2–5 kleine rote Chilis, fein gehackt
1–2 Knoblauchzehen, zerdrückt
1 Karotte, in feine Streifen geschnitten
1–2 TL fein geschnittenes Koriandergrün

1 Die Fischsauce mit dem Limettensaft, dem Zucker, den Chilis und dem Knoblauch in einer Glasschüssel verquirlen. Zugedeckt in den Kühlschrank stellen.
2 Etwa 2 bis 3 Stunden vor dem Servieren die Karottenstreifen und das fein geschnittene Koriandergrün unterheben. Bis zum Servieren die Sauce zurück in den Kühlschrank stellen und am Tage der Zubereitung verbrauchen.

Ajad

Namjeem

Namjeem

Süsse Chilisauce (Laos und Thailand)

Eine ausgezeichnete Dip-Sauce für Frühlingsrollen. Man kann sie mit etwas Wasser verdünnen oder sie leicht einkochen, damit sie sämiger wird.

175 ml Wasser
12 grosse rote Chilis, gehackt
4 Knoblauchzehen
2 TL Zucker
½ TL Salz
1 EL Fischsauce (Nam Pla, siehe Seite 28)
1 EL weisser Branntweinessig oder Reisessig
1 EL Erdnussöl oder neutrales Speiseöl
1 TL Sesamöl nach Belieben

1 Alle Zutaten in einem Topf zum Kochen bringen. Zugedeckt auf kleiner Flamme 15 Minuten kochen lassen. Danach im Mixer pürieren.
2 Zurück in den Topf geben und weitere 2 bis 3 Minuten kochen lassen. Falls nötig, etwas nachsalzen. Sofort servieren oder im Kühlschrank luftdicht verschlossen bis zu 7 Tagen aufbewahren.

Ajad

Süsssaure Gurken (Thailand)

Ajad ist gewöhnlich scharf und süsssauer. Es wird als Würzbeilage zu Fleischspiesschen und Frühlingsrollen gereicht für alle, die keine Erdnusssauce mögen oder dagegen allergisch sind.

1 mittelgrosse Gurke, geschält und längs halbiert
2–6 rote Vogelaugenchilis, fein gehackt
2 EL Fischsauce (Nam Pla, siehe Seite 28)
2 EL weisser Branntweinessig
1 EL Zucker
¼ TL Salz
1 EL fein geschnittener Schnittlauch oder Frühlingszwiebeln
1 EL fein geschnittenes Koriandergrün

1 Mit einem Teelöffel die Gurkenkerne ausschaben. Danach die Gurkenhälften in dünne Scheiben schneiden.
2 In einer Glasschüssel die Gurkenscheiben mit allen anderen Zutaten vermischen. Sofort servieren oder luftdicht verschlossen bis zu 2 Tagen im Kühlschrank aufbewahren.

Sambal Kacang

Erdnusssauce (Malaysia, Indonesien, Singapur)

Zu den meisten Fleischspiesschen mit Ausnahme der japanischen Yakitori wird Erdnusssauce gereicht. Sie muss dunkelbraun sein, deshalb entfernen Sie vor dem Rösten nicht die braune Haut der Nüsse. Die Sauce kann warm oder kalt serviert werden. Für etwa 600 ml.

175 ml Speiseöl
375 g rohe Erdnüsse, geschält
1,25 l kaltes Wasser
2 EL dunkle Sojasauce
1 EL Zitronensaft
Salz, frisch gemahlener schwarzer Pfeffer

Für die Paste
4 Schalotten, gewürfelt
4 Knoblauchzehen, gehackt
4 grosse Chilis, entkernt und gehackt
1 EL fein gehackter Ingwer
2 TL gemahlener Koriander
3 Candle Nuts (siehe Seite 22) oder 6 geschälte Mandeln, gehackt
1 TL Paprika
2 EL Tamarindenwasser (siehe Seite 101)
2 EL Erdnussöl
1 frisches Kaffirlimettenblatt (siehe Seite 26), nach Belieben
5 cm frisches Zitronengras, nur das Innere, fein gehackt

1 Das Öl im Wok erhitzen. Die Erdnüsse hineinschütten und unter Rühren 3 bis 4 Minuten fritieren. Mit einem Sieblöffel herausheben und auf Küchenpapier abtropfen lassen.
2 Die Zutaten für die Paste im Mixer so glatt wie möglich pürieren. Das Püree in einen Topf schütten, zum Kochen bringen und 2 Minuten unter ständigem Rühren kochen lassen. Danach das kalte Wasser zugiessen. Wieder aufkochen und 10 Minuten auf kleiner Flamme kochen lassen.
3 Die Erdnüsse in einer Gewürzmühle oder im Mixer zu Pulver zermahlen. Danach in den Topf schütten und mit der Würzpaste gründlich verrühren.
4 Die dunkle Sojasauce und den Zitronensaft zufügen und die Sauce abschmecken. Unter Rühren auf kleiner Flamme zur gewünschten Konsistenz einkochen. Die Sauce muss dickflüssig sein, doch man muss sie noch giessen können.
5 Die Sauce lässt sich bis zu 2 Monaten einfrieren. Auftauen lassen und etwa 1 Tasse heisses Wasser einrühren, da die Sauce durch das Einfrieren sehr dickflüssig geworden ist. Auf kleiner Flamme bis zur gewünschten Konsistenz einkochen.

Mangai Achar

Mango-Pickles (Indien)

Die unreifen grünen Mangos, die für diese Würzbeilage zu Currys und kalten Braten verwendet werden, sind in manchen Asiengeschäften erhältlich. Sie sind klein und ihre Schale ist dünn, deshalb brauchen sie nicht geschält zu werden. Für etwa 425 Gramm.

12 kleine unreife grüne Mangos (siehe Seite 23)
2 EL Salz
4 EL Speiseöl
2–8 scharfe frische grüne Chilis, entkernt und gehackt
2 EL braune Senfkörner
½ TL gemahlener Kurkuma
1 grosse Prise Asafoetida (siehe Seite 30), nach Belieben
2 TL Zucker
2 TL weisser Branntweinessig

1 Die Mangos gründlich waschen. Danach das Fruchtfleisch von beiden Seiten des grossen Kerns abschneiden. Die beiden Hälften vierteln. Das restliche Fruchtfleisch ebenfalls abschneiden.
2 Die Mangostücke in ein Sieb legen, mit Salz einreiben und 1 Stunde ruhen lassen. Danach gründlich unter fliessendem kaltem Wasser abspülen und abtropfen lassen.
3 Das Öl in einem Edelstahl- oder Emailletopf erhitzen. Die Chilis darin 2 Minuten pfannenrühren. Die Senfkörner einstreuen, eine Minute rühren, dann die Mangoscheiben einlegen. Zugedeckt auf kleiner Flamme 6 bis 8 Minuten garen.
4 Die restlichen Zutaten einrühren und im offenen Topf unter mehrmaligem Rühren 4 bis 5 Minuten dünsten. Falls nötig, nachsalzen. Den Topf vom Feuer nehmen und die Mischung abkühlen lassen.
5 In ein luftdicht verschliessbares Glas füllen und vor dem Verzehr mindestens 5 Tage durchziehen lassen. Bis zu 4 Wochen im Kühlschrank haltbar.

Acar Kuning

Mixed Pickles (Malaysia, Indonesien)

Da Handelsware oft mehr Kohl als anderes Gemüse enthält, lege ich im Sommer eigenes Gemüse auf diese Art ein. Kalt als Beilage zu Curry und Reis oder warm als Gemüse servieren. Für 875 g bis 1 kg.

175 ml Wasser
10–12 kleine Perlzwiebeln, geschält
250 g Prinzessbohnen, in je 2–3 Stücke geschnitten
250 g Karotten, in 2 cm lange, dünne Stäbchen geschnitten
250 g Blumenkohl, in kleine Röschen gebrochen
2–8 kleine getrocknete rote Chilis
1 TL Senfpulver
1 TL Zucker
1 TL Salz
frisch gemahlener schwarzer Pfeffer

Für die Paste
3 Schalotten, gewürfelt
2 Knoblauchzehen, gehackt
2 grosse rote Chilis, entkernt und gehackt
3 Candle Nuts (siehe Seite 22) oder 5 geschälte Mandeln, gehackt
1 TL gemahlener Kurkuma
3 EL weisser Branntweinessig
2 EL Olivenöl oder neutrales Speiseöl

1 Die Zutaten für die Paste im Mixer so fein wie möglich pürieren. Das Püree in einem Edelstahl- oder Emailletopf zum Kochen bringen und 2 Minuten unter ständigem Rühren dünsten. Das Wasser zugiessen und 3 Minuten kochen lassen.
2 Die Zwiebeln zufügen und zugedeckt 3 Minuten dünsten. Die Bohnen und Karotten unterheben und zugedeckt 3 Minuten garen. Danach die restlichen Zutaten zufügen, ein bis zwei Mal durchrühren und im offenem Topf etwa 4 Minuten garen, bis alles Gemüse weich ist und den grössten Teil der Sauce absorbiert hat.
3 Abschmecken und vom Feuer nehmen. Warm oder kalt servieren oder luftdicht verschlossen bis zu 4 Wochen im Kühlschrank aufbewahren.

Vambotu Pahi

Auberginen-Pickles (Sri Lanka)

Wie die indischen Mango-Pickles können auch diese sehr scharf oder mild gewürzt werden, je nachdem, wie viele Chilis zugesetzt werden. Ich nehme dazu gern ein gutes Olivenöl, obgleich es nicht das Öl ist, das in Sri Lanka verwendet wird. Als Würzbeilage zu Curry oder als Sandwichfüllung – mit oder ohne Schinken. Für 875 g bis 1 kg.

3–4 mittelgrosse Auberginen von insgesamt etwa 1 kg
1 EL Salz
175 ml Olivenöl extra vergine oder Speiseöl
3 Schalotten, fein gewürfelt
2 Knoblauchzehen, gehackt
2–8 scharfe grüne Chilis, fein zerschnitten
1 TL Senfkörner, zerstossen
1 TL gemahlener Kurkuma, nach Belieben
2 TL gemahlener Koriander
1 TL gemahlener Kreuzkümmel
1 TL gemahlener Fenchel
¼ TL Cayennepfeffer
2 TL Zucker
125 ml Wasser
4 EL Tamarindenwasser (siehe Seite 101) oder weisser Branntweinessig

1 Die Auberginen längs halbieren und quer in 5 mm dünne Scheiben schneiden. Die Scheiben in ein Abtropfsieb legen, mit Salz einreiben und 1 Stunde ruhen lassen. Danach unter fliessendem kaltem Wasser abspülen und mit Küchenpapier trocken tupfen.
2 Das Öl in einer antihaftbeschichteten Pfanne erhitzen. Darin die Auberginenscheiben portionsweise 3 bis 4 Minuten braten. Mit einem Sieblöffel herausnehmen und auf Küchenpapier entfetten.
3 Das restliche Öl aus der Pfanne in einen Edelstahl- oder Emailletopf giessen. Die Schalotten, den Knoblauch und die Chilis zufügen und unter ständigem Rühren 2 Minuten dünsten. Danach die Senfkörner, die gemahlenen Gewürze und den Zucker einstreuen und 1 bis 2 Minuten rühren. Das Wasser und Tamarindenwasser zugiessen und auf kleiner Flamme 5 Minuten kochen lassen. Mit Salz abschmecken.
4 Die Auberginen samt ihrem Bratsaft einrühren. Auf kleiner Flamme 5 bis 8 Minuten kochen. Danach vom Feuer nehmen und abkühlen lassen.
5 Die Auberginen-Pickles in luftdicht verschliessbare Gläser füllen und nach Belieben mit einer dünnen Ölschicht übergiessen. So halten sie sich im Kühlschrank bis zu 4 Wochen.

Kimchee

Koreanischer Sauerkohl (Korea)

Kimchee ist zwar in Asienläden erhältlich, doch wenn Sie den Kohl selbst einlegen wollen, ist hier das Rezept dafür. Der Kohl braucht mehrere Tage, um zu reifen, deshalb muss er mehrere Tage im voraus eingelegt werden. Für 875 g bis 1 kg.

30 g kleine getrocknete rote Chilis
1 TL getrocknete Garnelen (siehe Seite 31)
1 kg Pak Choi (chinesischer Senfkohl) oder Chinakohl
1½ EL Salz
3 Knoblauchzehen, zerdrückt
1 Bund Frühlingszwiebeln, nur die grünen Abschnitte, fein zerschnitten
2 TL Zucker

1 Die getrockneten Chilis und Garnelen getrennt 10 Minuten in warmem Wasser einweichen. Danach in einem Sieb abtropfen lassen.
2 Den Kohl grob zerschneiden, in ein Sieb legen, gründlich mit Salz vermischen und 1 Stunde ruhen lassen. Anschliessend unter fliessendem kaltem Wasser abspülen und abtropfen lassen.
3 In einer grossen Schüssel den Kohl mit den restlichen Zutaten vermischen. Mit einem sauberen Tuch abdecken und an einem kühlen dunklen Platz 3 bis 4 Tage reifen lassen.
4 Danach in Schraubgläser füllen und luftdicht verschliessen. Im Kühlschrank hält sich Kimchee bis zu 4 Wochen.

Goreng Bawang

Röstzwiebeln (Malaysia, Indonesien)

Eine unentbehrliche Zutat für asiatische Suppen, Salate und gebratenen Reis. Verwenden Sie dafür Schalotten oder die kleinen roten asiatischen Zwiebeln. Sie werden viel schneller knusprig als gewöhnliche Zwiebeln und brauchen vor dem Fritieren nicht in Mehl gewendet zu werden.

125 ml Speiseöl
500 g rote asiatische Zwiebeln (siehe Seite 21) oder Schalotten, in dünne Ringe geschnitten

1 Das Öl im Wok erhitzen. Die Zwiebeln in 2 Portionen je 6 bis 8 Minuten pfannenrühren. Mit einem Sieblöffel aus dem Wok heben und auf Küchenpapier entfetten.
2 Die abgekühlten Röstzwiebeln in Schraubgläser füllen. Luftdicht verschlossen und kühlgestellt halten sie sich bis zu 4 Wochen.

Balachaung

Chili-Garnelen-Würze (Burma)

Diese Würzbeilage kann zu rohem oder gedämpftem Gemüse und als Beilage zu Reis gereicht werden. Ich verwende sie auch für den burmesischen Hühnercurry mit Limetten (Rezept auf Seite 87). Balachaung ist in Asiengeschäften erhältlich und ist gewöhnlich ziemlich scharf mit Chilis und Knoblauch gewürzt. Für etwa 300 Gramm.

250 g getrocknete Garnelen (siehe Seite 31)
3 EL Speiseöl
2 Zwiebeln, sehr fein gewürfelt
8 Knoblauchzehen, in dünne Scheiben geschnitten
2 TL Sesamöl
3–8 grosse rote Chilis, entkernt und gehackt
2 TL fein gehackter frischer Ingwer
½ TL gemahlener Kurkuma
1 EL Fischsauce (Nam Pla, siehe Seite 28)
½ TL Salz
1 TL Zucker, nach Belieben
Saft von 2 Limetten oder Zitronen

1 Die getrockneten Garnelen in einer Schüssel mit Wasser bedecken und 10 Minuten einweichen. Danach in einem Sieb abtropfen lassen und fein hacken oder im Mixer oder Mörser fein zerkleinern.
2 Das Öl im Wok erhitzen. Darin die Zwiebeln und den Knoblauch unter ständigem Rühren 5 bis 8 Minuten rösten. Mit einem Sieblöffel herausheben und in eine Schüssel geben.
3 Sesamöl, Chilis, Ingwer, Kurkuma, Fischsauce, Salz und Zucker zufügen und 3 Minuten pfannenrühren. Die zerkleinerten Garnelen zufügen und 4 Minuten pfannenrühren.
4 Falls die Mischung zu trocken wird, etwa 4 Esslöffel Wasser zufügen und 2 bis 3 Minuten rühren. Danach die Zwiebeln und den Knoblauch einrühren und mit Salz abschmecken.
5 Nach weiteren 1 bis 2 Minuten den Limettensaft einrühren. Vom Feuer nehmen und abkühlen lassen. In Schraubgläser füllen und bis zu 4 Wochen im Kühlschrank aufbewahren.

Serundeng

Geröstete Kokosnussraspel (Indonesien)

In mehreren asiatischen Ländern wird geröstete Kokosraspel als Garnitur verwendet. In Indonesien ist Serundeng mehr: Die Kokosflocken werden zusätzlich mit verschiedenen Zutaten gewürzt und aromatisiert. Mit gerösteten Erdnüssen oder dünnen gegrillten Rindfleischstreifen vermischt wird Serundeng auch gern als Büfettgericht serviert.

250 g frisch geraspelte Kokosnuss (siehe unten)
oder 250 g getrocknete Kokosnussraspel,
5 Minuten in 125 ml kaltem Wasser eingeweicht
5 frische Kaffirlimettenblätter (siehe Seite 26)

Für die Paste
5 Schalotten, gewürfelt
3 Knoblauchzehen, gehackt
2 TL gemahlener Koriander
1 TL gemahlener Kreuzkümmel
1–2 kleine getrocknete rote Chilis
1 TL Garnelenpaste (siehe Seite 31), nach Belieben
2 EL Tamarindenwasser (siehe Seite 101)
3 EL Speiseöl
1 TL Salz

1 Die Zutaten für die Paste im Mixer pürieren. Die Paste in den Wok schütten und auf kleiner Flamme 3 Minuten rühren.

2 Danach die Kokosraspel und die Limettenblätter unterheben. Über mittlerer Hitze und unter ständigem Rühren die Kokosraspel hellbraun rösten. Mit Salz abschmecken und vom Feuer nehmen.

3 Serundeng sofort verbrauchen oder in Schraubgläser füllen. Luftdicht verschlossen und kühl gestellt hält es sich bis zu 2 Wochen.

Die Zubereitung frischer Kokosraspel

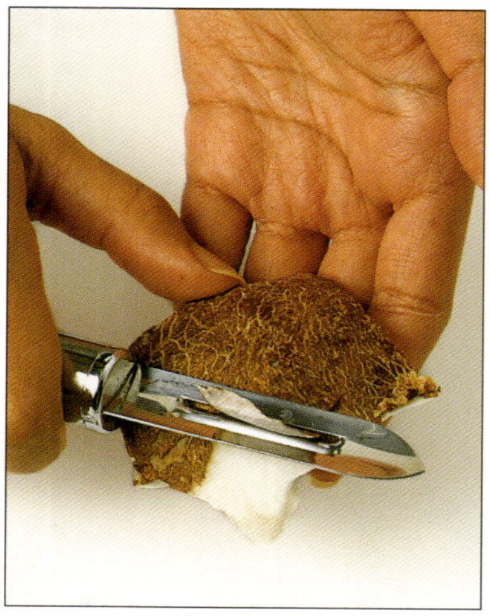

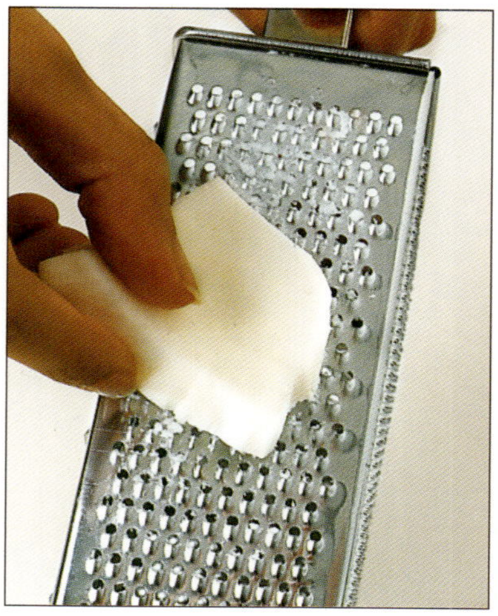

1 Die Kokosnuss in einen Plastikbeutel geben. Mit dem Rücken eines schweren Messers kräftig auf die Mitte der Kokosnuss schlagen, bis sie in zwei Hälften bricht. Das Fruchtfleisch in Streifen schneiden und von der Schale lösen.

2 Mit einem Sparschäler die braune Schale vom Fleisch schälen. Für die Zubereitung von Kokosmilch (siehe Seite 141) braucht die Schale nicht abgeschält zu werden.

3 Das Kokosfleisch auf einer Reibe raspeln. Entweder sofort verbrauchen oder luftdicht verschlossen bis zu 24 Stunden im Kühlschrank aufbewahren.

INDIEN

Gehaltvolle, üppige Gewürzpasten und der Duft von in Ghee und Kokosmilch gegarten Speisen kennzeichnen die unendliche Vielfalt der indischen Küche. Es ist eine warme gastliche Küche, die das einfachste Mahl zu einem besonderen Ereignis macht und das grandioseste Festmahl zu einem ungezwungenen Vergnügen.

PATRANI MACHCHI
Fisch im Bananenblatt (Rezept auf Seite 75)

NAVRATAN PULLAO
Gemüse-Pilaw (Rezept auf Seite 126)

MANGAI ACHAR
Mango-Pickles (Rezept auf Seite 130) mit rohen Zwiebelstreifen, Gurken und Pappadams

VINDALOO
Geschmortes Schweinefleisch in scharf-saurer Sauce (Rezept auf Seite 101)

DESSERTS

Jedes Land hat seine eigene Art, eine Mahlzeit zu beschliessen. In den meisten Gegenden Südostasiens besteht ein Dessert einfach aus frischen Früchten der Saison, deren Süsse und Säuregehalt den Gaumen erfrischen und die Verdauung anregen. Süssspeisen wie Klebreiskuchen und Reis-Porridge oder würzige Obstsalate und Cremespeisen gelten als Leckereien, die zu jeder Zeit gegessen werden können. In Indien und China gibt es dagegen alle Arten von üppigen Desserts, die oft so aufwendig sind, dass sie sich nur reiche Familien leisten können. Hier eine Auswahl einfacher Nachspeisen aus heimischen Produkten.

Kulfi

Kardamom-Eiscreme (Indien)

Dieses Rezept habe ich von Camellia Panjabi übernommen. Es ist das beste und einfachste Rezept für dieses indische Dessert, das ich gefunden habe. In Indien wird Kulfi gewöhnlich von professionellen Süssspeisenköchen hergestellt und bei besonderen Gelegenheiten serviert. Es wird als Kegel geformt und mit gehackten Nüssen und essbarem Blattsilber garniert.

2 410-g-Dosen Kondensmilch
4 EL Zucker
3 grüne Kardamomkapseln
etwa 12 Safranfäden
3 EL Crème double

1 Die Kondensmilch zusammen mit dem Zucker und den Kardamomkapseln in einen Topf mit schwerem Boden geben. Auf kleiner Flamme 10 Minuten kochen lassen, dabei ständig rühren, damit die Milch nicht an den Wänden und am Boden des Topfes ansetzt.
2 Den Topf vom Feuer nehmen und die Kardamomkapseln entfernen. Die Safranfäden einstreuen. Nach dem Abkühlen die Crème double einrühren.
3 Danach die Masse in Portionsförmchen oder in eine Eiswürfelschale geben und mindestens 4 bis 5 Stunden im Tiefkühlfach gefrieren lassen.
4 Vor dem Servieren die Förmchen kurz in heisses Wasser tauchen und das Eis auf Dessertteller stürzen.
5 Oder das Eis aus der Eiswürfelschale pressen, mehrere Würfel pro Portion auf die Teller verteilen und servieren.

Bubur Ketan Hitam

Schwarzer Klebreis-Porridge (Indonesien)

Ich habe diesen Porridge schon als kleines Kind gegessen. Er schmeckt warm oder kalt zum Frühstück oder als Nachspeise ausgezeichnet. Vor kurzem bei einem Besuch auf Bali stellte ich fest, dass der Porridge in den grossen Hotels bei Besuchern aus aller Welt zu einem beliebten Frühstücksgericht geworden ist.

2 l Kokosmilch (siehe Seite 141)
125 g schwarzer Klebreis (siehe Seite 24), über Nacht in kaltem Wasser eingeweicht, danach abgetropft
½ TL Salz
1 Zimtstange
2 EL geraspelter Palmzucker (siehe Seite 30)
2 EL Zucker

1 Von der Kokosmilch 250 ml zurückbehalten, den Rest in einen grossen Topf schütten. Den abgetropften schwarzen Klebreis, das Salz und die Zimtstange zufügen. Zum Kochen bringen und über reduzierter Hitze auf kleiner Flamme 10 Minuten kochen lassen.
2 Den Palmzucker und den Zucker einstreuen und den Reis unter mehrmaligem Rühren etwa 1 Stunde auf kleiner Flamme garen. Wenn der Porridge dick geworden ist, vom Feuer nehmen.
3 Die Zimtstange entfernen. Den Porridge in eine Servierschüssel schütten und leicht abkühlen lassen. Warm essen oder nach dem Abkühlen bis zum Servieren in den Kühlschrank geben.
4 Vor dem Anrichten die zurückbehaltene Kokosmilch mit einer Prise Salz in einen kleinen Topf geben, 1 bis 2 Minuten erwärmen und getrennt zum Porridge reichen. Oder den Reis mit etwas ungeschlagenem Rahm servieren.

Rujak

Scharf gewürzter Obstsalat (Indonesien)

Wie Gado-Gado (Rezept auf Seite 52) ist auch dieser Obstsalat ein klassisches indonesisches Gericht, das seinen Weg nach Malaysia gefunden hat. Dort ist es als «Rojak» bekannt, und einfallsreiche Köche servieren es als Sauce zu Fleischgerichten. Aber dieses Originalrezept ist in Indonesien sehr beliebt – besonders bei den Frauen, die es fast zu jeder Tageszeit als Snack essen. Man kann es als Obstsalat, aber auch anstelle eines Gemüsesalates zu Grilladen reichen. Abbildung auf Seite 73.

1 Pomelo, in Schnitze geteilt
1 mittelgrosse Mango, geschält, das Fruchtfleich in Schnitzen vom Kern geschnitten
1 grüner Apfel, geviertelt, entkernt und gewürfelt
2 feste Birnen, geschält, geviertelt und gewürfelt
1 kleine Ananas, geschält und gewürfelt
½ Gurke, längs halbiert, entkernt und in dicke Scheiben geschnitten

Für die Sauce
1–3 rote Vogelaugenchilis
1 Stück Garnelenpaste, gegrillt (siehe Seite 31), nach Belieben
175 g Palmzucker (siehe Seite 30), fein zerkleinert
½ TL Salz
2 EL Tamarindenwasser oder Zitronensaft

1 Für die Sauce die Chilis zusammen mit der Garnelenpaste im Mörser zerstossen.
2 Den Palmzucker und das Salz zufügen und alles miteinander verreiben. Das Tamarindenwasser oder den Zitronensaft mit einem Löffel einrühren.
3 Die Sauce in eine Salatschüssel giessen. Die Früchtewürfel und Gurkenscheiben zufügen und miteinander vermengen. Sofort servieren oder nach Belieben vor dem Auftragen leicht durchkühlen.

Vatalapan

Kokosnusspudding (Sri Lanka)

Meine Freundin aus Sri Lanka, Thana Srikantha, gab mir dieses Rezept.

4 Eier
200 ml geschmolzener Palmzucker (siehe Seite 30) oder brauner Zuckersirup (siehe Seite 156)
100 ml Wasser
200 ml dicke Kokosmilch (siehe Seite 141)
1¼ TL Gewürzmischung (siehe Seite 156)

1 Die Eier und den Zuckersirup mit dem Schneebesen cremig rühren. Das Wasser, die Kokosmilch und das Gewürz einrühren.
2 Die Masse in eine Puddingform aus Metall von 1,25 l Fassungsvermögen schütten. Die Puddingform mit Pergamentpapier abdecken und darüber ein Musselintuch binden.
3 Die Puddingform in einen grossen Topf stellen und soviel heisses Wasser angiessen, dass sie bis zur Hälfte darin steht. Den Deckel auflegen und den Pudding 25 Minuten im Wasserbad garen.
4 Die Puddingform aus dem Wasserbad nehmen. Musselintuch und Pergamentpapier entfernen und den Pudding auf eine Servierplatte stürzen. Warm oder kalt servieren.

Hahng Yahn Dauh Fuh

Mandelgelee (China)

Dieses Rezept ähnelt dem für Gulaman (siehe Seite 138). Es ist ein Mandelgelee auf einer Fruchtsauce. Abbildung auf Seite 97.

Für das Gelee
450 ml Wasser
4 TL Gelatinepulver
450 ml Vollmilch
3 EL Zucker
1 TL Mandelessenz

Für die Fruchtsauce
450 ml frisch gepresster Orangensaft
100 g Zucker
425–500 g Früchte, etwa Birnen-, Pfirsich-, Melonenwürfel, Blaubeeren und rote Johannisbeeren

1 Für das Gelee 125 ml Wasser in einen kleinen Topf giessen. Die Gelatine einstreuen und quellen lassen. Das restliche Wasser, Milch und Zucker in einem anderen Topf unter Rühren bis zum Siedepunkt erhitzen, vom Feuer nehmen.
2 Die gequollene Gelatine auf kleiner Flamme erwärmen, bis sie sich gelöst hat. In die Milch rühren, die Mandelessenz zufügen und 1 bis 2 Minuten rühren. In einen flachen quadratischen Behälter mit 20 cm Seitenlänge giessen. Abkühlen und im Kühlschrank fest werden lassen.
3 Für die Sauce den Orangensaft mit dem Zucker in 4 bis 5 Minuten sirupartig einkochen. Das Obst zufügen und auf kleiner Flamme 2 Minuten kochen lassen. Die Sauce in eine Schüssel giessen und abkühlen lassen.
4 Das Gelee aus dem Kühlschrank nehmen und in Rauten oder Dreiecke schneiden. Auf einem Saucenspiegel anrichten und leicht gekühlt servieren.

Gulaman

Fruchtgelee (Philippinen)

Fruchtgelees sind typisch für die südostasiatische Küche. Sie werden mit Agar-Agar zubereitet, einem pflanzlichen Geliermittel aus Algen, das geliert, ohne im Kühlschrank gekühlt zu werden. Die philippinische Variante wird gewöhnlich mit Kondensmilch gemacht. Ich verwende hier Kokoscreme und Eier. Obgleich Mangos gern dafür genommen werden, kann man auch jedes andere Obst dafür verwenden. Aus Erdbeeren zubereitet ist es ein köstliches Sommerdessert für gemässigte Klimazonen.

Für das Gelee

1,25 l kaltes Wasser
15 g Agar-Agar (siehe Seite 31), 1 Stunde eingeweicht in kaltem Wasser, danach abgetropft
500 g Erdbeeren
2 EL Zucker
2 verquirlte Eier
125 ml Kokosnusscreme (siehe Seite 141)
1 Prise Salz

Für die Garnitur

Himbeeren, rote Johannisbeeren und Blaubeeren

1 Für das Gelee das Wasser und das eingeweichte Agar-Agar in einen Topf geben und zum Kochen bringen. Auf kleiner Flamme unter Rühren kochen lassen, bis sich das Agar-Agar gelöst hat. Danach vom Feuer nehmen.
2 Die Flüssigkeit durch ein Sieb in einen Messbecher giessen. Die Hälfte abnehmen und in eine Schüssel schütten.
3 Einige Erdbeeren für die Garnitur zurückbehalten. Den Rest zusammen mit dem Zucker im Mixer pürieren. Das Püree durch ein feines Sieb passieren und in eine Schüssel schütten.
4 Das Püree in die eine Hälfte der Agar-Agar-Flüssigkeit mit einem Holzlöffel einrühren.
5 Anschliessend in einen flachen Metallbehälter, z.B. eine Backform, giessen und kühl gestellt in etwa 30 Minuten gelieren lassen.
6 Die restliche Agar-Agar-Mischung in einen Topf giessen und mit den verquirlten Eiern, der Kokoscreme und 1 Prise Salz verrühren. Auf kleinster Flamme unter ständigem Rühren erhitzen, bis die Creme bindet und den Löffelrücken überzieht. Die Creme nicht zum Kochen bringen, da sie sonst gerinnt.
7 Das flüssige Kokosgelee in einen zweiten flachen Behälter giessen – wenn möglich von der gleichen Grösse wie der erste. Kühl stellen und fest werden lassen.

Verquirltes Ei

Zucker

Erdbeeren

Agar-Agar

8 Vor dem Anrichten das Gelee in gleich grosse Rauten von etwa 6 cm Seitenlänge schneiden. Dekorativ auf einen grossen Servierteller setzen und mit frischen Beeren umlegen.

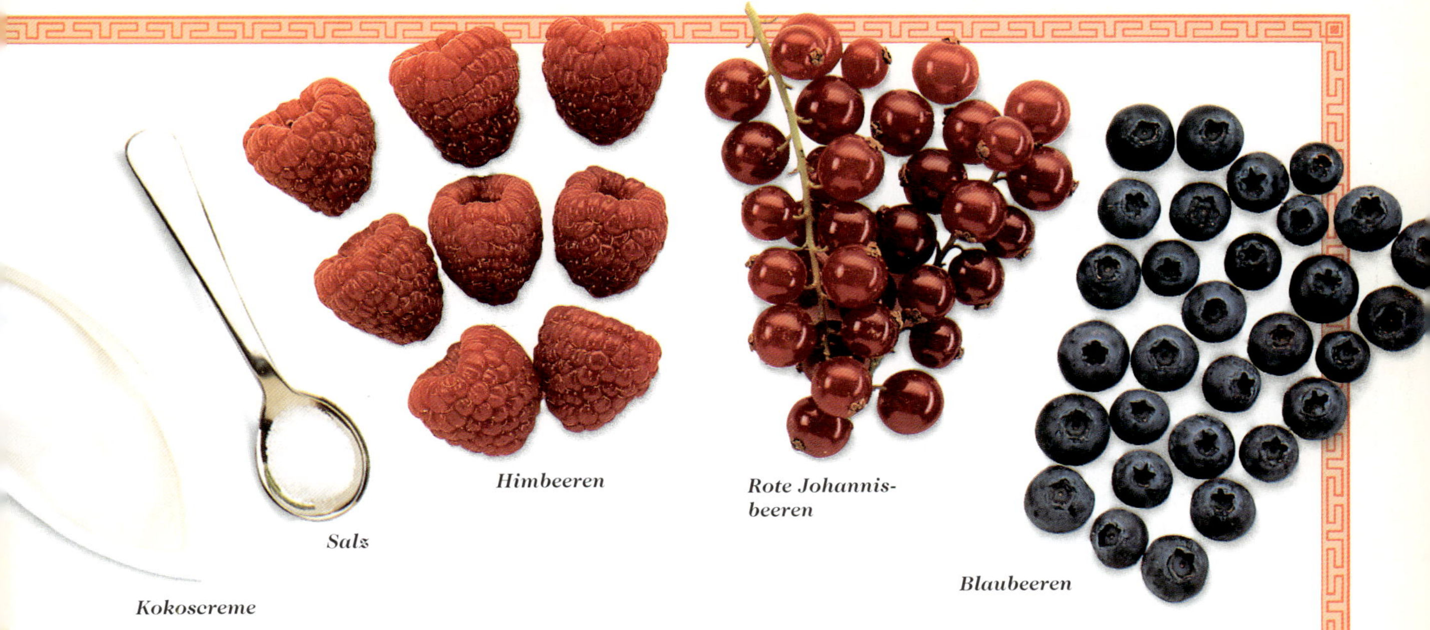
Himbeeren
Rote Johannis-
beeren
Salz
Blaubeeren
Kokoscreme

Pisang Goreng

Gebratene Bananen (Indonesien, Malaysia)

Dieses Dessert lässt sich schnell und einfach zubereiten. In den Tropen haben wir viele verschiedene Bananensorten, die sich zum Braten eignen, und jede hat ihr eigenes Aroma. Gewöhnliche Bananen kann man auch dafür verwenden, jedoch noch besser sind gelbe Kochbananen. Sie haben nach dem Braten eine angenehm feste Konsistenz. Für 4 bis 6 Personen.

90 g Reismehl (siehe Seite 31)
30 g Weizenmehl
1 Prise Salz
30 g zerlassene Butter
175 ml Kokosmilch (siehe gegenüberliegende Seite)
3 gelbe Kochbananen (siehe Seite 20) oder 4 feste, reife Bananen
Erdnussöl oder Butterschmalz zum Braten

1 Das Reismehl, das Weizenmehl und das Salz zusammen in eine Schüssel sieben. Die zerlassene Butter mit der Kokosmilch verrühren und nach und nach in die Mehlmischung rühren, bis ein glattflüssiger Teig entsteht.
2 Die Kochbananen längs halbieren und jede Hälfte quer in 3 Stücke schneiden. Bananenhälften in je 2 Stücke schneiden.
3 In einer Pfanne oder in der Friteuse Öl erhitzen. Die Bananenstücke in den Teig tauchen und portionsweise 3 bis 4 Minuten in der Pfanne oder in der Friteuse ausbacken.
4 Mit einem Sieblöffel herausheben und auf Küchenpapier entfetten. Die Bananenstücke warm halten, während der Rest ausgebacken wird.

Mamuang Kuo Nieo

Mango mit süssem Klebreis (Thailand)

Obgleich dieses Dessert als klassische thailändische Süssspeise gilt, ist es ebenso in Malaysia, Indonesien und auf den Philippinen populär. Mango ist die beliebteste Frucht in Südostasien, gefolgt von Durian und Jackfrucht. Zu diesem Reis schmecken auch die Kürbiswürfel in Kokosnusssirup. Für 6 bis 8 Personen.

500 g weisser Klebreis (siehe Seite 24), 1 Stunde kalt eingeweicht und abgetropft
600 ml Kokosmilch (siehe gegenüber)
1 Prise Salz
3 EL Zucker
4 kleine oder 2 grosse reife Mangos, geschält, in Scheiben geschnitten oder gewürfelt

1 Den Reis, die Kokosmilch, Salz und Zucker in einem Topf verrühren und zum Kochen bringen. Nochmals durchrühren und im offenen Topf auf kleiner Flamme kochen lassen, bis der Reis die Flüssigkeit aufgesogen hat. Den Reis vom Feuer nehmen und zugedeckt 5 Minuten ziehen lassen.
2 Den Reis in einen mit Musselin ausgelegten Bambus-Dämpfkorb (siehe Seite 149) oder in den Einsatz eines Dämpftopfes schütten. Zugedeckt 15 bis 20 Minuten dämpfen.
3 Mit Frischhaltefolie 6 bis 8 Portionsförmchen auskleiden und den Reis hineinpressen oder ein Backblech mit Frischhaltefolie auslegen, den Reis in einer 1 cm dicken Schicht daraufstreichen und anschliessend in Rauten schneiden.
4 Die Förmchen auf Dessertteller stürzen oder einige Rauten auf die Tellermitte plazieren. Mit Mango umlegen und sofort servieren.

Kolak Labu Kuning

Kürbiswürfel in Kokosnusssirup (Malaysia)

Man findet diese Süssspeise in den meisten südostasiatischen Ländern unter den verschiedensten Bezeichnungen. Kürbis kann durch Süsskartoffeln oder Bananen ersetzt werden. Servieren Sie es allein oder statt Mangos als Beilage zu süssem Klebreis.

500 g geschälter Kürbis, in Würfel geschnitten
600 ml kochendes Wasser
90 g Palmzucker (siehe Seite 30) oder brauner Rohrzucker
600 ml dicke Kokosmilch
1 Prise Salz

1 Die Kürbiswürfel in einen Topf mit dem kochenden Wasser geben. Wieder zum Kochen bringen und 5 Minuten kochen lassen. Danach abtropfen lassen und bereithalten.
2 Den zerkleinerten Palmzucker in einem Topf mit schwerem Boden schütten und über mittlerer Hitze schmelzen. Wenn er flüssig ist, vorsichtig die Kokosmilch nach und nach unter ständigem Rühren zugiessen. Salzen und 2 Minuten auf kleiner Flamme kochen lassen.
3 Die Kürbiswürfel einlegen und über milder Hitze unter gelegentlichem Rühren 5 bis 8 Minuten garen. Vom Feuer nehmen und warm oder gekühlt servieren.

Die Zubereitung von Kokosmilch und Kokoscreme

1 In den Mixer 175 g getrocknete oder frisch geriebene Kokosraspel (siehe Seite 133) geben, 600 ml heisses Wasser zugiessen und beides in etwa 4 Sekunden gründlich miteinander vermischen.

2 Die Mischung in ein feines Sieb über eine Schüssel schütten und die Milch auspressen. Das ergibt dicke Kokosmilch. Dünne Milch erhält man, wenn man die ausgedrückte Kokosraspel in den Mixer zurückgibt, erneut mit 600 ml heissem Wasser mischt und danach die Milch ausdrückt.

3 Für Creme oder sehr dicke Milch muss man die dicke Kokosmilch 1 bis 2 Stunden in den Kühlschrank stellen. Die Creme oder sehr dicke Milch setzt sich dann an der Oberfläche ab und die dünne Milch sinkt nach unten. Für eine normale Milch vermischt man die erste und zweite Pressung.

Mamuang Kuo Nieo

MENÜVORSCHLÄGE

Bei der Planung eines Menüs will man gewöhnlich nicht eine Suppe aus Burma und ein thailändisches Fischgericht zusammenstellen. Wie alle anderen Künste geht auch die Kochkunst von dem aus, was zur Verfügung steht. Für die meisten werden die Rezepte dieses Buches mehr oder weniger exotisch sein. Manche Zutaten müssen in Spezialgeschäften eingekauft werden, in die man nicht jeden Tag kommt. Wahrscheinlich werden Sie von Neugier und Entdeckerfreude, vielleicht auch von dem Wunsch angetrieben, den Geschmack eines Gerichtes nachzuvollziehen, das sie auf einer Ferienreise in Asien oder zuhause in einem guten asiatischen Restaurant gegessen haben. Die folgenden Menüvorschläge sind als Einführung in die reiche Vielfalt der asiatischen Küchen gedacht. Die Menüs richten sich dabei mehr nach der im Westen üblichen Speisenfolge, die nicht identisch mit der in vielen asiatischen Ländern üblichen ist. Auch die Auswahl der Gerichte ist nicht unbedingt typisch für die Küchentradition, aus der die Gerichte stammen. Vorschläge für Desserts habe ich nur bei den vegetarischen Menüs gemacht, da die meisten Asiaten es vorziehen, eine Mahlzeit nur mit frischem Obst zu beenden.

CHINA

Mittagessen

Daan Far Tong (siehe Seite 60)
Eiertropfensuppe

•

Sze Chuan Jar Gai (siehe Seite 90)
Pfannengerührtes Szechuan-Hühnchen

Gedämpfter Reis

Mittagessen

Shuen Guen (siehe Seite 64)
Frühlingsrollen

•

Hai Jo Mah Ji Mee (siehe Seite 124)
Yifu-Nudeln mit Krebsfleischsauce

Festliches Abendessen

Hojan Hsin Taiji (siehe Seite 79)
Pfannengerührte Jakobsmuscheln in Austernsauce

Hak Tjin Tjan Nah Hiu (siehe Seite 93)
Pfannengerührte Entenbrust mit schwarzem Pfeffer

Huhng Siu Ngauh (siehe Seite 104)
Rot geschmortes Rindfleisch mit Broccoli

Lo Han Chai (siehe Seite 115)
Buddhas Entzücken

Gedämpfter Reis

Huhng Siu Ngau

Indien

Mittagessen

Rasam (siehe Seite 60)
Vegetarische Suppe

•

Jingha Kari (siehe Seite 83)
Garnelencurry

Brinjal Pullao (siehe Seite 125)
Auberginen-Pilaw

Mittagessen

Samosa (siehe Seite 65)
Teigtaschen mit Gemüsefüllung

•

Vindaloo (siehe Seite 101)
Geschmortes Schweinefleisch in scharfsaurer Sauce

Basmatireis

Kleines Abendessen

Navratan Pullao (siehe Seite 126)
Gemüse-Pilaw

Rogan Josh (siehe Seite 48)
Lamm in Chili-Joghurt-Sauce
mit Mangai Achar (siehe Seite 130)
Mango-Pickles

Kleines Abendessen

Jingha Kari (siehe Seite 83)
Garnelencurry

Dhansak (siehe Seite 89)
Geschmorte Hühnerkeulen mit Linsen

Basmatireis

Rogan Josh

Indonesien/Malaysia

Mittagessen

Pergedel Jagung (siehe Seite 64)
Maisküchlein

•

Oseng Oseng Ayam Dengan Sayuran (siehe Seite 86)
Pfannengerührtes Hühnchen mit Gemüse

Nasi Goreng (siehe Seite 127)
Gebratener Reis

Mittagessen

Laksa Lemak (siehe Seite 61)
Scharf gewürzte Nudelsuppe mit Kokosmilch

•

Rujak (siehe Seite 137)
Scharf gewürzter Obstsalat

Dinner-Party

Gado-Gado (siehe Seite 52)
Salat aus gekochtem Gemüse mit Erdnusssauce

Rempah-Rempah (siehe Seite 70)
Fritierte Garnelen-Bohnensprossen-Küchlein

•

Ikan Masak Molek (siehe Seite 36)
Fischcurry

Bandakka-Curry (siehe Seite 115)
Okracurry

Nasi Kuning (siehe Seite 126)
Gelber Gewürzreis

Gado-Gado

Thailand

Mittagessen

Kai Tom Ka (siehe Seite 61)
Hühnersuppe mit Galgant

•

Yam Woon Sen (siehe Seite 119)
Scharf gewürzter Glasnudelsalat mit Garnelen und Schweinefleisch

Mittagessen

Hoy Lai Phad Nam Prik Phao (siehe Seite 85)
Venusmuscheln mit Basilikum

•

Moo Wan (siehe Seite 98)
Karamelisiertes Schweinefleisch mit Ringelblumenblüten

Thailändischer Duftreis

Festliches Abendessen

Kung Thord (siehe Seite 63)
Fritierte Garnelen

•

Kai Tom Ka (siehe Seite 61)
Hühnersuppe mit Galgant

•

Massaman (siehe Seite 103)
Rindfleischcurry

Yam Makhua Phao (siehe Seite 113)
Süsssaure Auberginen

Khao Pad Khai Horapha (siehe Seite 124)
Gebratener Reis mit Huhn und Basilikum

Kung Thord

Japan

Mittagessen

Udon Suki (siehe Seite 120)
Japanischer Nudeltopf

•

Japanischer Grüntee

Mittagessen

Bara-Sushi (siehe Seite 50)
Sushi-Reis mit Omelettestreifen

•

Japanischer Grüntee

Festliches Abendessen

Satsumajiru (siehe Seite 57)
Miso-Suppe mit gemischtem Gemüse

•

Suzuki Sashimi (siehe Seite 78)
Roher Wolfsbarsch mit Gurkenstreifen

•

Teriyaki (siehe Seite 77)
Glasierter gegrillter Fisch

Shira Ae (siehe Seite 118)
Gemüsesalat mit Sesam-Dressing

Japanischer Reis

•

Obst

•

Japanischer Grüntee

Bara-Sushi

Büfett für 10 bis 12 Personen

Menü 1

Muc Don Thit (siehe Seite 38), Vietnam
Gefüllter Kalmar

Kajitchim (siehe Seite 112), Korea
Gefüllte Auberginen

Pad Som Sin Moo (siehe Seite 99), Laos
Schweinefleisch in Kokosmilch mit süsssauren Zwiebelchen

Chapchae (siehe Seite 122), Korea
Warme Reisnudeln mit Gemüse

Gedämpfter Klebreis

Namjeem (siehe Seite 129), Laos/Thailand
Süsse Chilisauce

Menü 2

Mohinga (siehe Seite 56), Burma
Fischsuppe mit Reisnudeln

Plea Tray (siehe Seite 76), Kambodscha
Fischsalat

Kyet Thar Hin (siehe Seite 87), Burma
Geflügelcurry mit Limetten

Adobong Baboy (siehe Seite 100), Philippinen
Rot geschmortes Schweinefleisch

Gado-Gado (siehe Seite 52), Indonesien
Salat aus gekochtem Gemüse mit Erdnusssauce

Gedämpfter Reis

Muc Don Thit

Vegetarische Menüs

Menü 1

Gado-Gado (siehe Seite 52), Indonesien
Salat aus gekochtem Gemüse

Pergedel Jagung (siehe Seite 64), Indonesien
Maisplätzchen

•

Navratan Pullao (siehe Seite 126), Indien
Gemüse-Pilaw

Kajitchim (siehe Seite 112), Korea
Gefüllte Auberginen

•

Pisang Goreng (Siehe Seite 140), Indonesien/ Malaysia
Gebratene Bananen

Menü 2

Chai Siu Ngo (siehe Seite 118), China
Vegetarischer Gänsebraten

•

Shira Ae (siehe Seite 118), Japan
Gemüsesalat mit Sesam-Dressing

Chapchae (siehe Seite 122), Korea
Warme Reisnudeln mit Gemüse

Phool Gobi Aur Aloo Ki Bhaji (siehe Seite 113), Indien
Blumenkohl mit Kartoffeln

•

Mamuang Kuo Nieo (siehe Seite 140), Thailand
Mango mit süssem Klebreis

Mamuang Kuo Nieo

KÜCHENTECHNIKEN

Ich sehe gern einem erfahrenen Koch bei der Arbeit zu. Zwar benutze ich auch gern technische Geräte in der Küche, doch die wahre Freude am Kochen bedeutet für mich, einfache, formschöne Utensilien zu handhaben und Arbeiten auszuführen, die mir in langen Jahren der Praxis vertraut geworden sind. Das trifft besonders für die asiatische Küche zu, in der es zwar technische Geräte gibt, aber noch immer keinen Ersatz für die Tontöpfe, das Holzkohlenfeuer, die Kochutensilien aus Bambus und auch für die Kokosnussschalen.

KOCHUTENSILIEN

Viele Rezepte in diesem Buch können auch ohne besondere Küchenausstattung perfekt zubereitet werden. Aber manche Arbeiten kann man mit den hier beschriebenen Geräten besser ausführen. Das steigert nicht nur die Freude an der Vorbereitung der Zutaten und am Kochen, die fertigen Gerichte schmecken auch besser. Von den hier gezeigten Geräten ist der Wok vielleicht am nützlichsten und am vielseitigsten verwendbar.

Mörser und Stössel
Ein Mörser aus Stein oder Holz ist unersetzlich zum Zerstossen kleiner Mengen von Gewürzen, die sich in einer Küchenmaschine verlieren würden. Bei der Zubereitung von Pasten erleichtern etwas grobes Salz oder einige zerkleinerte Schalotten, Knoblauch oder Ingwer die Arbeit.

Chinesisches Küchenbeil
Dieses gefährlich aussehende Werkzeug ist ein nützliches Küchenutensil. Es schneidet und hackt vorzüglich. Die stumpfe Seite taugt zum Aufbrechen von Kokosnüssen und mit der flachen Klinge kann man Fleisch- und Fischscheiben flach klopfen.

Hackbrett
Ein Hackbrett aus Holz ist hygienischer als eines aus Plastik. Ausserdem bleiben die Messer länger scharf, wenn man auf einer Holzunterlage schneidet. Das Brett nach jedem Gebrauch reinigen. Besonders nach dem Schneiden von Fleisch muss es gründlich unter fliessendem heissem Wasser gescheuert werden.

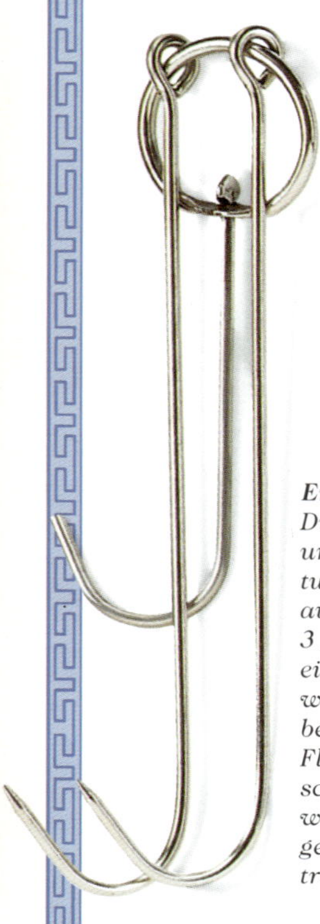

Entenhaken
Dieses Küchenutensil ist fast unentbehrlich für die Zubereitung von Peking-Enten (Rezept auf Seite 46). Es besteht aus 3 Haken, die locker durch einen Ring zusammengehalten werden und von denen die beiden längeren unter die Flügel der glasierten Ente geschoben werden. Die Ente wird daran 12 Stunden aufgehängt, bis die Haut trocken ist und sich spannt.

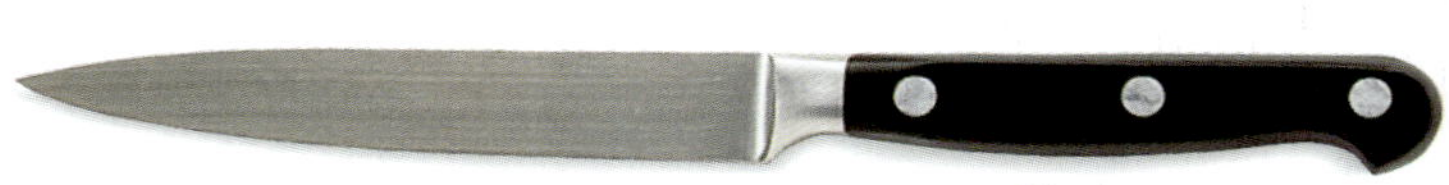

Kochmesser

Schälmesser

Messer
Es ist wichtig, dass Messer gut in der Hand liegen und dass sie scharf sind. Man benötigt ein grosses Messer zum Zerkleinern von Fleisch und ein bis zwei kleine für Gemüse. Weitere Spezialmesser sind nützlich, aber entbehrlich.

Elektrischer Reiskocher
Wenn Sie Reis öfter als zweimal pro Woche essen, dann sollten sie sich dieses Gerät zulegen. Es ist nicht allzu teuer und hält lange. Der Reis gerät darin immer perfekt, wenn Sie die richtige Menge Wasser zufügen. Er lässt sich darin warm halten, aber verliert seine Konsistenz, wenn er nicht bald nach dem Garen gegessen wird. Reste von gekochtem Reis müssen im Kühlschrank aufbewahrt und innerhalb von 24 Stunden verbraucht werden.

Sukiyaki-Topf
In Japan wird dieser gusseiserne Topf ausschliesslich für die Zubereitung von Sukiyaki am Tisch verwendet. Man kann ihn jedoch wie jeden anderen Topf auch auf dem Herd benutzen, danach auf den Tisch bringen und auf eine hitzefeste Unterlage oder eine Wärmeplatte stellen. Für das Kochen am Tisch braucht man eine starke elektrische Platte.

Bambusmatte
Sie ist ideal für das Rollen von Reis für Sushi und nützlich zum Auspressen der Feuchtigkeit aus blanchierten Kohl- und Spinatblättern. Verwenden Sie immer eine Matte aus Bambus; Matten aus Plastikstäbchen sind längst nicht so gut.

Wok
Ein überaus vielseitig verwendbarer Topf – nicht nur in der asiatischen Küche. Ein Wok ist ideal zum Pfannenrühren und Fritieren. Mit einem gewölbten Deckel eignet er sich zum Dampfgaren. Er kann aus Eisen, Edelstahl oder Aluminium sein. Die letzteren sind oft beschichtet, und ich finde, dass sie die besten sind, da sie nicht rosten und sich leichter reinigen lassen. Es gibt sie mit einem oder mit zwei Griffen – Sie haben die Wahl.

Bambus-Dämpfer
Die meisten kennen ihn als den Behälter, in dem Dim Sums in Chinarestaurants serviert werden. Diese Dämpfer gibt es in vielen Küchenläden, doch sie sind in Asiengeschäften am billigsten. Sie eignen sich ausgezeichnet zum Dämpfen von Fisch und Gemüse im geschlossenen Wok oder Topf.

Wok-Kochlöffel
Wer sich an die Arbeit mit dem Wok gewöhnt hat, wird auf den Wok-Kochlöffel nicht verzichten wollen. Er ist bei weitem das wirkungsvollste Werkzeug, um die Speisen im Wok während des Pfannenrührens zu bewegen und zu wenden.

DIE VORBEREITUNG VON FISCH UND MEERESFRÜCHTEN

In den meisten Rezepten dieses Buches werden Fischfilets oder Fischsteaks verwendet. In einigen Rezepten wird Fisch in dünne Scheiben oder Streifen geschnitten zum Füllen und Rollen oder Rohessen in Salaten. Ganze Fische lassen Sie sich am besten vom Fischhändler schuppen und ausnehmen. Meeresfrüchte müssen vor der Zubereitung gründlich gesäubert werden.

Dünne Streifen schneiden

Am besten gelingen sie, wenn Sie ein abgezogenes Filet nehmen, das in der Mitte 4 cm dick ist. Mit einem scharfen Messer zuerst senkrecht in dünne Scheiben und diese, falls erwünscht, in dünne Streifen schneiden.

Dünne Scheiben schneiden

1 Die Ränder eines abgezogenen Filets glatt schneiden. Das Filet seitlich vor sich legen und vom Kopf zum Schwanzende hin schräg in 4 Scheiben von gleicher Dicke schneiden.

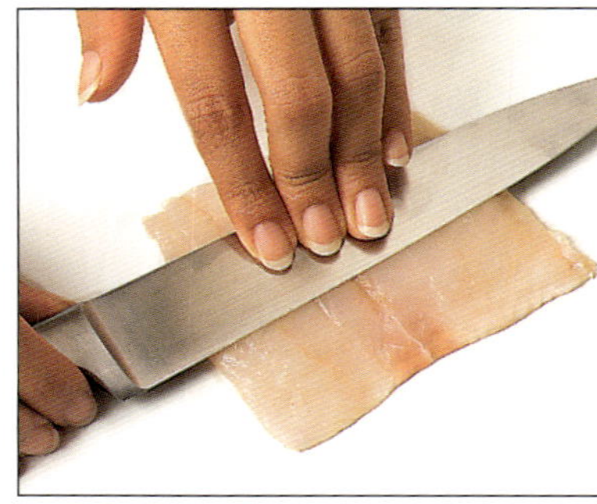

2 Zum Füllen und Aufrollen müssen die Scheiben flach gedrückt werden. Die flache Klinge des Messer auf das Filet drücken und über die Breite der Scheibe ziehen, um sie dünner und breiter zu pressen.

Die Vorbereitung von Tintenfischen

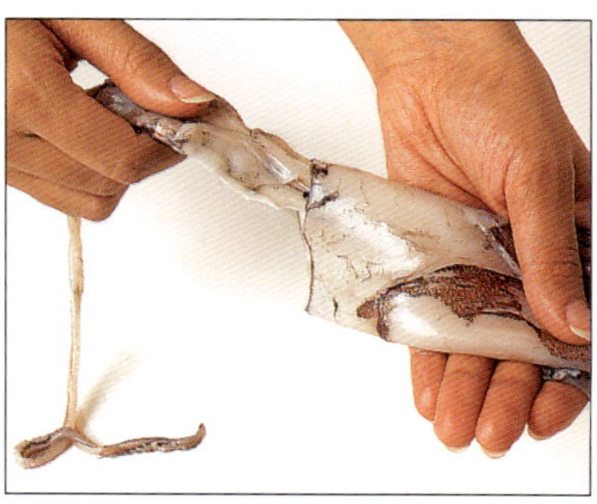

1 Den Kopf des Tintenfisches aus dem Körpersack ziehen, dabei dessen Inhalt herausnehmen und das durchsichtige Fischbein auslösen. Den Körpersack unter fliessendem kaltem Wasser gründlich spülen.

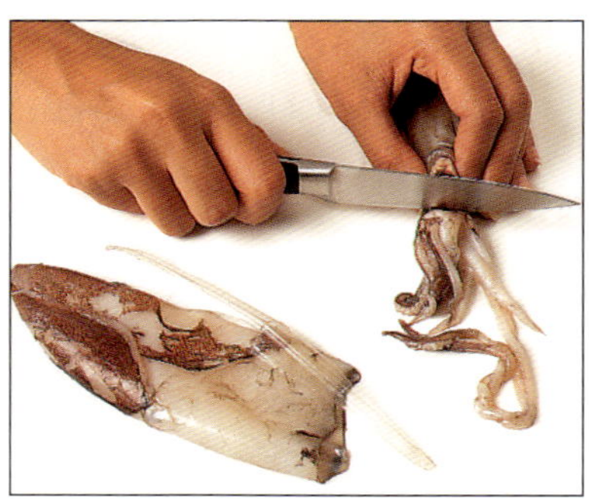

2 Oberhalb des Kopfes knapp über den Augen die Tentakeln abschneiden, so dass sie noch als Ring aneinander hängen. Die Tentakeln unter fliessendem kaltem Wasser abspülen. Kopf und Eingeweide entfernen.

3 Die Ringmitte etwas auseinander ziehen und mit dem Finger die Kauwerkzeuge herausdrücken. Die Kauwerkzeuge entfernen und den Tentakelring ganz oder in Stücke geschnitten bereithalten.

4 Die schwarze Haut vom Körpersack entfernen, indem man sie mit den Fingern abreibt oder mit einem Messer abschabt. Den Körpersack unter fliessendem kaltem Wasser abspülen und mit Küchenpapier trocken tupfen.

5 Den Körpersack flachdrücken und mit einem scharfen Messer in 1 cm breite Ringe schneiden. Man kann ihn auch längs aufschneiden, flach auseinander klappen und in Rauten oder mundgerechte Stücke schneiden.

Die Vorbereitung von abgekochten Taschenkrebsen

1 Den Taschenkrebs auf den Rücken wenden. Die beiden Scheren und die Beine nacheinander im Uhrzeigersinn drehen und mit einem Ruck vom Körper brechen.

2 Die Scheren mit einem Hammer oder dem Rücken eines schweren Messers aufschlagen. Das Fleisch auslösen und die feste Sehne entfernen. Die Beine aufschlagen und das Fleisch mit einem dünnen Metallspiess oder einer Hummergabel auslösen.

3 Ein kleines Messer am Schwanzende zwischen Panzer und Unterschale schieben und damit rundherum fahren. Mit beiden Daumen den Körper herausheben und aus der Panzerschale lösen.

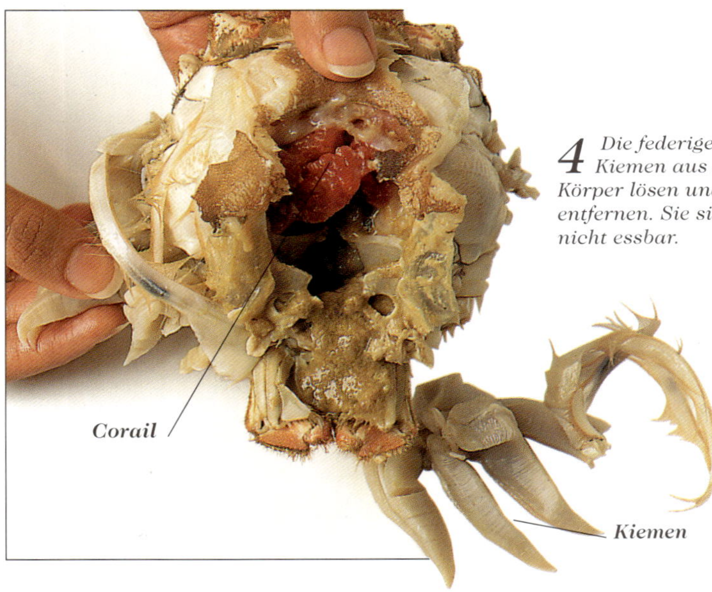

4 Die federigen Kiemen aus dem Körper lösen und entfernen. Sie sind nicht essbar.

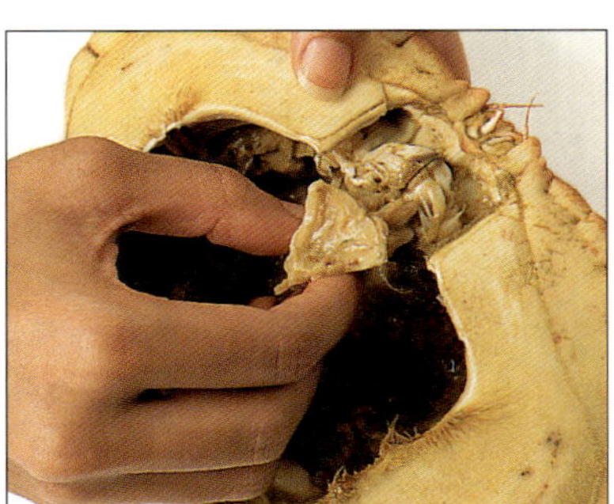

5 Den kleinen runden Magensack unterhalb der Augen in der Panzerschale auffinden. Mit den Fingern vorsichtig auslösen und entfernen, denn er ist nicht essbar.

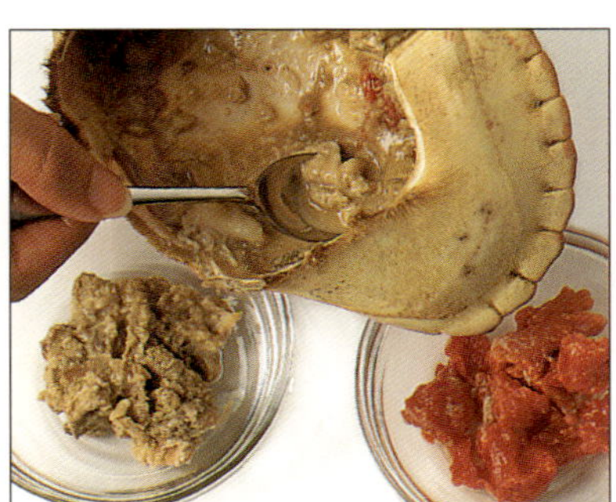

6 Mit einem Teelöffel das weiche braune Fleisch aus der Panzerschale schaben. In weiblichen Krebsen befindet sich darin das essbare leuchtend rote Corail. Geben Sie es in ein Extraschälchen.

7 Den aus dem Panzer gehobenen Körper aufschneiden und mit einer Hummergabel das weisse Fleisch auslösen. Die Panzerschale gründlich ausspülen, wenn sie wieder mit dem Fleisch gefüllt werden soll.

DIE VORBEREITUNG VON FLEISCH

Für Currys und Ragouts wird Fleisch gewöhnlich in 1,5 bis 2 cm grosse Würfel geschnitten. Zum Pfannenrühren soll Fleisch und Geflügel in dünne Scheiben oder Streifen geschnitten werden. Ein Huhn oder eine Ente, die am Knochen gebraten werden soll, wird gewöhnlich in 8 bis 10 Portionsstücke zerlegt. Wenn die Knochen vor dem Braten ausgelöst werden, kann daraus eine Brühe gekocht werden. Die Karkasse einer Ente oder eines Huhns, das bereits gebraten wurde, eignet sich ebenfalls für eine Brühe. Für eine besonders gehaltvolle Brühe sollten Sie eine Kombination aus Geflügel-, Rinder- und Schweineknochen verwenden.

Fleisch in dünne Scheiben schneiden

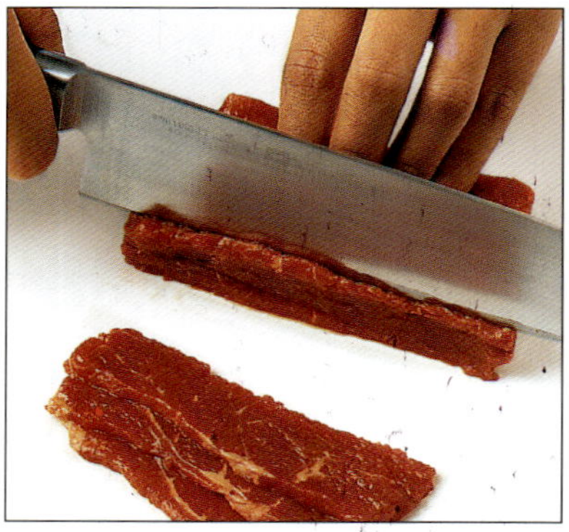

Das Fleisch 30 Minuten ins Tiefkühlfach legen, um es zu steifen, und danach quer zur Faser mit einem scharfen Messer in dünne Scheiben schneiden. Die Scheiben können dann in dünne Streifen geschnitten werden.

Das Ausbeinen von Hühnerkeulen

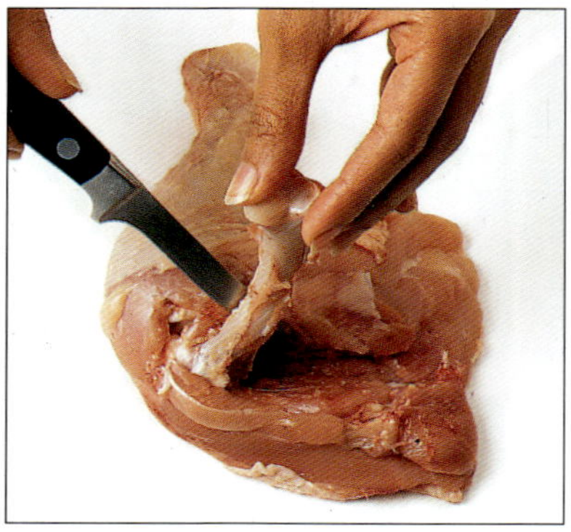

1 Mit einem kleinen Messer das Fleisch vom Oberschenkelknochen lösen, ohne dabei die Haut zu verletzen. Den Knochen nach hinten biegen, im Gelenk durchtrennen und herauslösen.

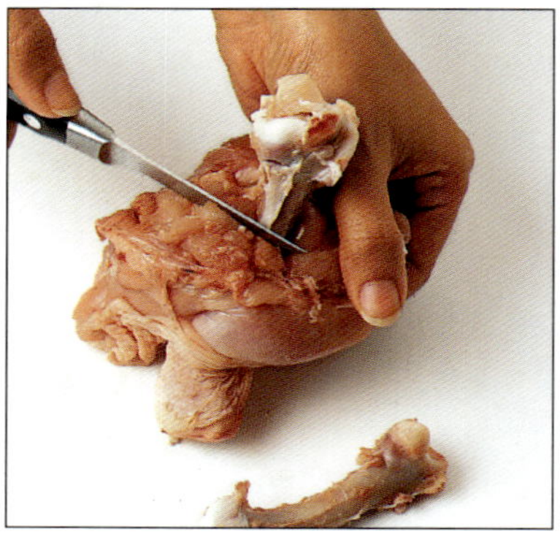

2 Das Fleisch vom Unterschenkelknochen lösen und dabei Fleisch und Haut nach unten schlagen. Den Knochen herausziehen und, falls nötig, die Sehnen am unteren Ende durchtrennen.

Eine Ente brühen

1 Die Ente in einem Abtropfsieb in einen grossen Topf setzen und diesen in das Spülbecken stellen. Einen halben Kessel kochendes Wasser über die Ente giessen. Die Ente wenden und ihre andere Seite mit dem restlichen Wasser überbrühen.

2 Die Ente im Abtropfsieb aus dem Topf heben und ins Spülbecken setzen. Mit der Hälfte des heissen Wassers aus dem Topf nochmals übergiessen. Danach wenden und das restliche Wasser mit einer Kelle über die andere Seite schütten.

Eine Peking-Ente aufhängen

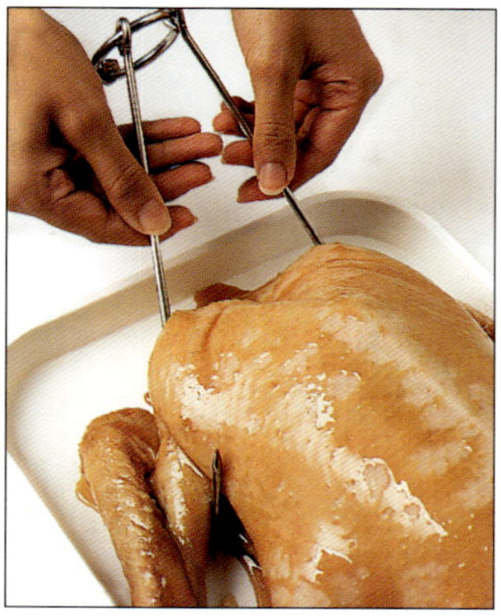

Die glasierte Ente auf ein Tablett legen. Die beiden langen Haken unter die Flügel der Ente schieben und festhaken. Die Ente kann nun an dem kleinen Haken zum Trocknen aufgehängt werden.

Ein Huhn zerlegen

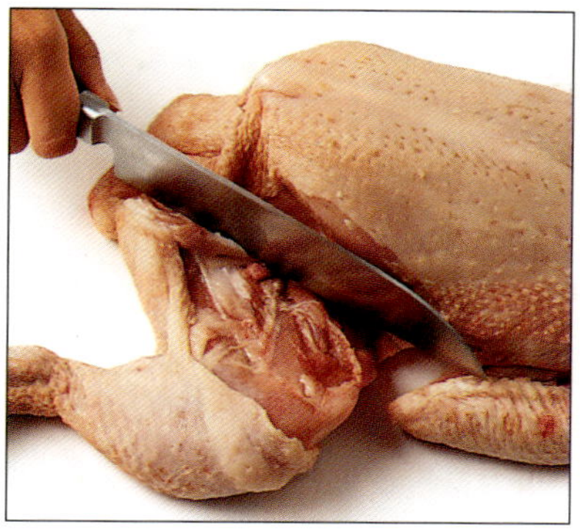

1 Eine Keule vom Körper wegziehen. Die Haut durchschneiden, um das Gelenk freizulegen. Das Gelenk durchtrennen und die Keule abheben. Bei der anderen Keule wiederholen.

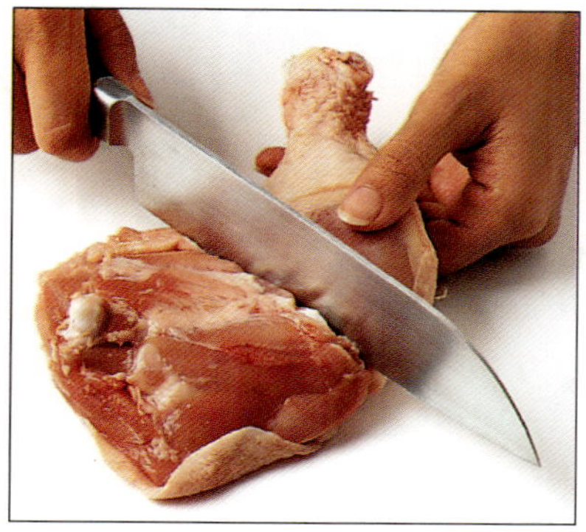

2 Die Keule auf die Hautseite legen und das Unterschenkelgelenk durchtrennen, um den Unterschenkel vom Oberschenkel zu teilen. Das untere Gelenkende des Unterschenkels wegschneiden.

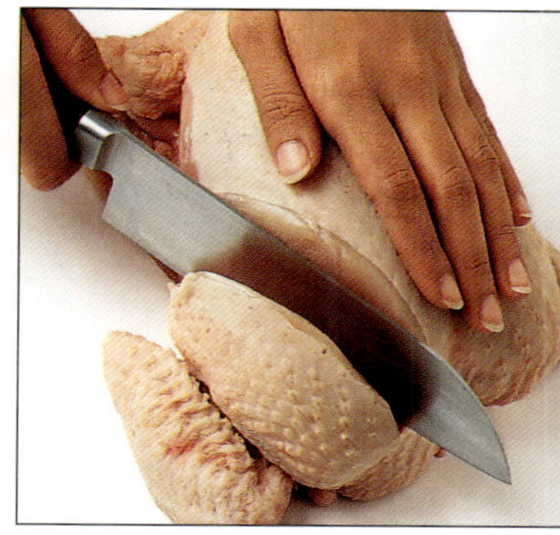

3 Einen Flügel vom Körper wegziehen, bis das Gelenk sichtbar ist. Den Flügel im Gelenk abtrennen, dabei etwas Brustfleisch am Flügel belassen. Bei dem anderen Flügel wiederholen.

4 Mit einem scharfen schweren Messer den Brustkorb unterhalb des Brustfleisches durchtrennen. Die Unterseite des Brustkorbs zurückbiegen und abschneiden.

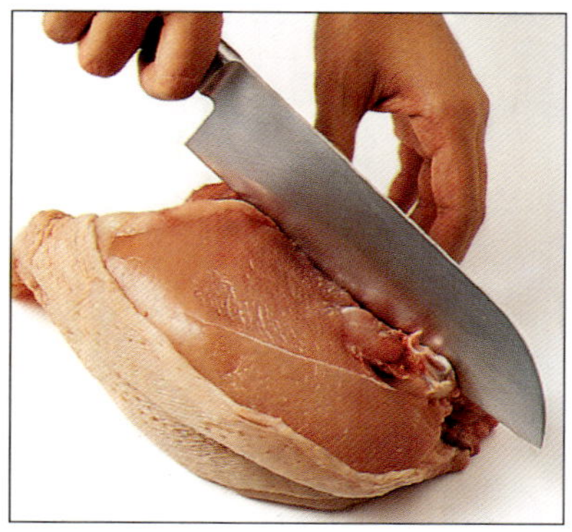

5 Die Brust auf die Seite legen und auf beiden Seiten der Brust das Schultergelenk durchschneiden, um die Brustpartie vom übrigen Brustkorb zu trennen.

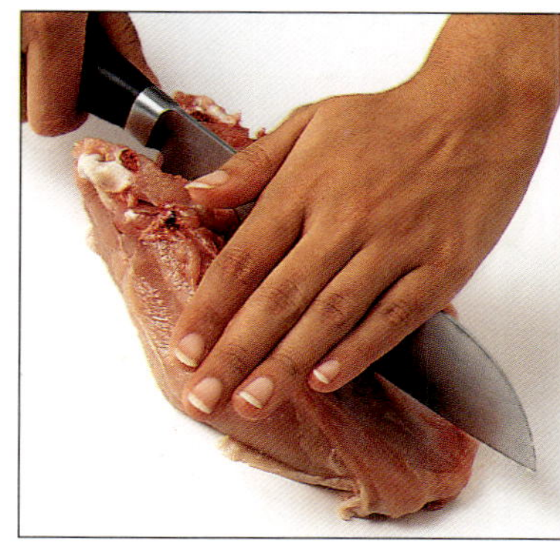

6 Die Brust mit der Hautseite nach unten legen. Mit einem scharfen schweren Messer oder einem Küchenbeil das Brustbein in der Mitte längs durchtrennen, um zwei Brusthälften zu erhalten.

Flügel ***Brusthälften*** ***Oberschenkel*** ***Unterschenkel***

7 Für die meisten Currys und Schmorgerichte ist es erforderlich, ein Huhn oder eine Ente in 8 Portionsstücke zu teilen. Wenn man 10 Portionen braucht, teilt man die beiden Brusthälften noch einmal quer durch.

DIE VORBEREITUNG VON GEMÜSE

In den meisten Rezepten dieses Buches wird angegeben, in welche Grösse und welche Form die einzelnen Gemüsesorten geschnitten werden sollen. In den meisten Fällen sind kurze Stäbchen oder dünne Streifen erwünscht. In der asiatischen Küche werden die Zutaten nie in zu grosse Stücke geschnitten, da man Messer und Gabel am Tisch nicht benutzt. Die einzelnen Stücke eines Gerichtes werden mit dem Löffel oder der Gabel, mit Essstäbchen oder den Fingern vom Teller genommen und mit Anstand in den Mund geschoben. In Gerichten, die mehrere Gemüsesorten enthalten, z.B. einige Currys und pfannengerührte Speisen, schlage ich vor, alle Gemüse in gleich grosse Stücke zu schneiden. In chinesischen, japanischen und koreanischen Rezepten werden Gemüse gewöhnlich in streichholzlange dünne Streifen geschnitten.

Kurze Stäbchen und dünne Streifen schneiden

1 Das Gemüse schälen und gleichmässig zurechtschneiden. Danach quer in 4 bis 5 cm lange Abschnitte schneiden, diese längs halbieren und in 3 bis 4 Stäbchen schneiden.

2 Für dünne Streifen die Abschnitte längs in dünne Scheiben schneiden. Jeweils einige Scheiben übereinander legen und längs in dünne Streifen schneiden.

Karottenblüten schneiden

Die Karotte schälen und die beiden Enden wegschneiden. Mit einem scharfen Messer 3 oder 4 V-förmige Längsrillen einschneiden. Danach die Karotte in dünne Blüten schneiden.

Chinesischen Senfkohl rollen

1 Das blanchierte Blatt flach ausbreiten. Den dicksten Teil der Blattrippe abschälen, damit das ganze Blatt möglichst gleichmässig dick wird.

2 Zwei Blätter leicht überlappend nebeneinander auf eine Bambusmatte breiten und fest zu einer zylindrischen Rolle rollen, ohne dabei die Matte mit einzuwickeln.

3 Die beiden Schritte wiederholen, bis alle Senfkohlblätter aufgerollt sind. Anschliessend jede Rolle quer in 4 gleich grosse Abschnitte schneiden.

Frühlingszwiebelquasten und Chiliblüten schneiden

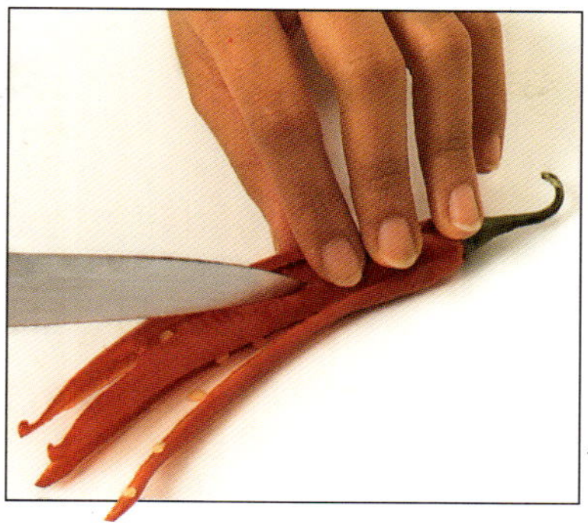

1 Die Frühlingszwiebel in 5 bis 7 cm lange Abschnitte schneiden. An beiden Enden mehrere Längsschnitte machen, dabei die Mitte auf mindestens 1 cm Länge nicht durchschneiden.

2 Eine mittelgrosse rote Chili kurz über dem Stielende bis zur Spitze hin längs halbieren und die Hälften zweimal längs halbieren, so dass man 8 Blütenblätter erhält.

3 Die so vorbereiteten Chilischoten und Frühlingszwiebelabschnitte in Eiswasser legen und 2 bis 3 Stunden in den Kühlschrank geben, damit sie sich dekorativ kräuseln.

Ingwer schneiden

1 Das benötigte Stück von der Ingwerwurzel abschneiden und schälen. In sehr dünne Scheiben und diese wiederum in sehr dünne Streifchen oder Nadeln schneiden.

2 Um den Ingwer fein zu zerkleinern, die Streifchen fein würfeln oder hacken. Für Saucen verwenden oder mit anderen Zutaten im Mixer zu einer Currypaste mischen.

Ingwersaft herstellen

Etwa 1 Esslöffel fein gehackten Ingwer mit der gleichen Menge heissem Wasser vermischen. Mit einem Löffel zerdrücken und den Saft durch ein feines Sieb abseihen.

Getrocknete Pilze einweichen

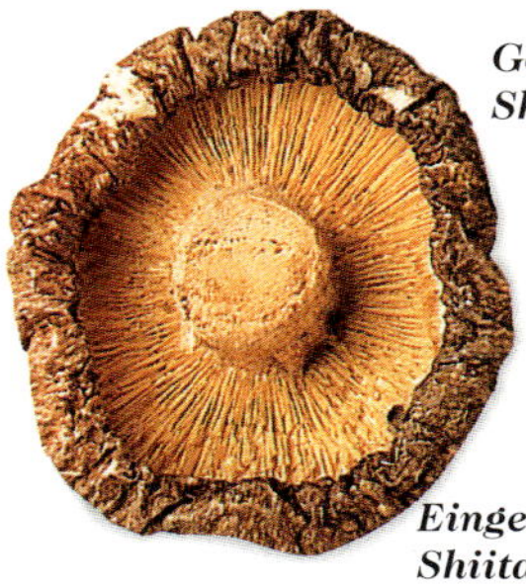

Getrockneter Shiitake

Eingeweichter Shiitake

Getrocknete Shiitake-Pilze mit heissem Wasser bedecken. Die Pilze zugedeckt 15 bis 20 Minuten weichen lassen. Danach die Stiele abschneiden. Wolkenohren 15 Minuten einweichen und danach zerschneiden.

Sesamsaat und Nüsse rösten

Auf kleiner Flamme Sesamsaat in einer trockenen Pfanne unter ständigem Rühren erhitzen, bis sie hellbraun ist. Pinienkerne 5 Minuten, Erdnüsse 6 bis 8 Minuten und Cashewnüsse 8 bis 10 Minuten trocken anrösten.

GRUNDTECHNIKEN

Reis garen

Langkorn- und Rundkornreis

Am einfachsten gart man sich Reis in einem elektrischen Reiskocher (Abbildung auf Seite 149). Doch ebenso gute Ergebnisse lassen sich mit einem gewöhnlichen Topf oder in einem Dämpfer erzielen.

1 Den Reis in einen Topf mit schwerem Boden schütten: 1 Tasse (etwa 250 g) reicht für 2 bis 4 Personen. Den Reis ein- oder zweimal mit kaltem Wasser spülen und das Wasser abgiessen. Mit der Tasse, mit der man den Reis abgemessen hat, die gleiche Menge Wasser abmessen und in den Reis giessen. Wenn man den Reis ziemlich feucht mag, gibt man noch etwas Wasser zu. Kein Salz zufügen!

2 Über mässiger Hitze zum Kochen bringen. Den Reis einmal durchrühren und 10 Minuten im offenen Topf garen, bis das Wasser absorbiert ist.

3 Den Garvorgang abschliessen, indem man den Topf fest zudeckt und gegebenenfalls ein zusammengefaltetes Küchentuch oder einen Bogen Aluminiumfolie zwischen Topf und Deckel legt. Die Hitze auf ein Minimum reduzieren und den Reis in 10 bis 12 Minuten fertig garen.

4 Den geschlossenen Topf 5 Minuten auf ein feuchtes kaltes Tuch stellen. Dies verhindert, dass der Reis am Topfboden ansetzt.

5 Oder der Reis wird, nachdem er das Wasser absorbiert hat, in einen Dämpfeinsatz über kochendem Wasser in 10 Minuten weich gedämpft. (Sollten Sie keinen Dämpftopf aus Edelstahl haben, geben Sie den Reis in ein Stück Musselin und garen ihn in einem chinesischen Bambusdämpfer in einem grossen Topf oder Wok mit gewölbtem Deckel.)

Jasminreis

Klebreis

Klebreis

Klebreis mindestens 30 Minuten (noch besser 2 bis 3 Stunden) in kaltem Wasser einweichen. Danach in einem Sieb abtropfen lassen und in einem Dämpftopf oder Bambusdämpfer in 10 bis 15 Minuten weich dämpfen.

Gewürzmischungen und andere Würzutaten

Garam-Masala

Dies ist eine traditionelle Gewürzmischung aus Indien. Wie bei allen Gewürzmischungen kann man die Zutaten und ihre Mengenverhältnisse je nach Geschmack variieren. Man kann Garam-Masala fertig kaufen oder selber mischen. Die Grundzutaten sind 1 bis 2 Teile Gewürznelken, etwas Zimt, je 2 Teile schwarze Pfeffer- und Kreuzkümmelkörner, je 3 bis 4 Teile Korianderkörner und Kardamomkapseln und etwas geriebene Muskatnuss. Die Gewürze im Mörser zerstossen oder in einer elektrischen Gewürzmühle mahlen. Die Koriander- und Kreuzkümmelkörner können nach Belieben vor dem Mahlen leicht geröstet werden.

Meine Gewürzmischung

Wie bei Garam-Masala können Gewürze und Mengenverhältnis variieren. Die meisten käuflichen Mischungen enthalten zu viele verschiedene Gewürze. Ich ziehe eine frisch gemahlene Mischung aus Zimt, Kardamom, Gewürznelken und Muskatnuss zu gleichen Teilen vor.

Brauner Zuckersirup

In 250 ml Wasser 125 g Palmzucker oder braunen Rohrzucker auflösen und 5 Minuten auf kleiner Flamme kochen lassen.

Bonito-Brühe (Dashi)

Instant-Bonito-Brühe kann man in Würfelform kaufen. Sie ist besser, wenn man sie selbst zubereitet. In Japan wird sie als Fond und Suppe verwendet.

1 Ein etwa 50 cm langes Stück Kelp (Kombu) in 1 Liter Wasser fast bis zum Siedepunkt erhitzen.

2 Kelp entfernen und das Wasser wieder zum Kochen bringen. Danach 125 ml kaltes Wasser und 60 g Bonito-Flocken (Katsuobushi) zufügen.

3 Nochmals aufkochen, vom Feuer nehmen, abschäumen und die Brühe durch ein feines Sieb seihen, um sie zu klären.

REZEPTVERZEICHNIS

nach Sachgruppen

REZEPTVERZEICHNIS

alphabetisch

REZEPTVERZEICHNIS

alphabetisch in der Landessprache

In derselben Ausstattung sind bisher erschienen:

Giuliano Hazan
Klassische Pastaküche
160 Seiten, durchgehend farbig illustriert

Das umfassende Pasta-Kochbuch präsentiert die ganze Vielfalt der Teigwarensorten, zeigt, welche Sorten sich für welche Zubereitungsart eignen, gibt ausführliche Anleitungen zur Herstellung hausgemachter Pasta und verführt mit über 100 Rezepten zum Ausprobieren und Geniessen.

Julia della Croce
Klassische italienische Küche
176 Seiten, durchgehend farbig illustriert

Die italienische Küche ist mehr als nur Pizza und Pasta. Jede Region – von der Toskana bis nach Apulien im Süden, bis zur Lombardei, dem Piemont und Veneto im Norden – hat ihre ureigenen, typischen Gerichte. Über 160 Spezialitäten aus den verschiedenen Regionen bringen die Düfte, den Geschmack und die Farben Italiens auf den Tisch.

Martha Rose Shulman
Klassische Buffet-Küche
160 Seiten, durchgehend farbig illustriert

Über 150 der schönsten und besten Party-Snacks – von Bruschetta und Blini bis zu Terrinen und Tartelettes, von gefüllten Gemüsehäppchen bis zu würzigen Fleischspiesschen. Mit Vorschlägen für französische und italienische Buffets, nahöstlich und asiatisch inspirierte Variationen bis hin zur mexikanischen Fiesta. Das ideale Buch für jede Einladung, vom zwanglosen Beisammensein mit Freunden bis zum festlichen Anlass.

Jill Norman
Klassische Kräuterküche
144 Seiten, durchgehend farbig illustriert

Oft macht erst das richtige Gewürzkraut aus einem einfachen Gericht einen besonderen Genuss! Entdecken Sie die Vielfalt der Kräuterküche in über 100 Rezepten. In einem Nachschlageteil sind über 70 Gewürzkräuter in Bild und Text beschrieben, mit Angaben zu ihrem typischen Geschmack und Hinweisen zu ihrer Verwendung in der Küche.

Rose Elliot
Klassische vegetarische Küche
160 Seiten, durchgehend farbig illustriert

Die ganze Frische und Fülle der vegetarischen Küche in über 200 Rezepten: von Terrinen, Omeletten und Crêpes über gefüllte Teigtaschen, gefülltes Gemüse und Soufflés bis zu Rouladen, Gemüsekuchen und Pasteten. Dazu jeweils phantasievolle Variationsvorschläge. Leichte, gesunde Gerichte für jede Gelegenheit: von schnellen, einfachen Mahlzeiten für jeden Tag bis zum Festtagsmenü.